# 互联网引爆

陈凯文　著

北京联合出版公司
Beijing United Publishing Co.,Ltd.

图书在版编目（CIP）数据

互联网引爆 / 陈凯文著 . –– 北京：北京联合出版
公司 , 2017.8

ISBN 978-7-5502-9754-8

Ⅰ . ①互… Ⅱ . ①陈… Ⅲ . ①互联网络 – 影响 – 市场
营销学 – 研究 Ⅳ . ① F713.50

中国版本图书馆 CIP 数据核字 (2017) 第 169391 号

# 互联网引爆

作　　者：陈凯文
选题策划：北京联大文化发展有限公司
特约编辑：王娟娟
责任编辑：李　伟
封面设计：毛　增

北京联合出版公司出版
（北京市西城区德外大街 83 号楼 9 层 100088）
北京联合天畅发行公司发行
北京时捷印刷有限公司印刷　新华书店经销
字数 221 千字　787mm×1092mm　1/16　16 印张
2017 年 8 月第 1 版　2017 年 8 月第 1 次印刷
ISBN 978-7-5502-9754-8
定价：49.80 元

# "互联网思维"如何落地

最近一段时间关于"互联网+"的讨论越来越多，尤其是国务院印发《国务院关于积极推进"互联网+"行动的指导意见》，把"互联网+"提升到国家战略层面以后，热度一路攀升。"互联网+"实质上是互联网思维进一步探索的成果，自从2013年"互联网思维"的概念被提出以后，各领域也都做出一些积极的尝试和实践。互联网思维是在移动互联网、大数据、云计算等科技不断发展的背景下，对市场、用户、产品、企业价值链乃至整个商业生态进行重新审视的思考方式。客观地说，不是因为有了互联网，才有了互联网思维，而是因为互联网的出现和发展，这些思维才得以集中性爆发，逼得企业将"用户思维、极致思维、流量思维、大数据思维、平台思维、跨界思维"等理念真正落地。否则，消费者点击一下鼠标，划一下手机屏幕就离你而去了。基于这一社会发展的大背景，企业运用互联网思维重新审视并改进自身运营的方式已成为必修课。

从现状来看，互联网商家要比传统企业更加主动一些，毕竟这些商家从诞生开始就不断用"互联网思维"、"互联网+"去改变更多的行业，他们有足够的经验可循，可以复制成功经验和模式去进行探索，继而不断的融合更多的领域，持续扩大自己的生态。但这不意味着传统企业不做互联网化的尝试，很多传统企业在过去几年就开始利用互联网思维进行产品开发和营销，成绩突出的青岛红领服饰集团"个性化、全定制"的商业模式，作为很多资深互联网企业争相学习的典范。但是绝大部分线下企业还停留在传统的信息推广与宣传阶段，其实他们心中明白需要做互联网，需要利用互联网思维，需要打造爆品模式，只是找不到合适的落地方案来解决线上线下的冲突问题。纵观国内市场，目前的商业常态是千万企业需要转型升级的大背景，后面的趋势则是大量"互联网思维"、"互联网 +"模式的爆发以及传统企业的破与立。那么，如何利用互联网思维去实现企业转型升级的"软着陆"就显得尤为关键。这也是《互联网引爆》一书要解答的主要命题。

本书作者陈凯文先生在快消品领域磨炼近二十年，称得上是一位实干家，他写的书我是最乐意研读的，因为它最落地、最具实操价值。我之前阅读过他撰写的"打靶营销"系列，从"市场研判与战略模型"、"品牌战略与产品策略"、"市场战略与渠道策略"、"整合推广与爆点创意"、"运营模式与激励机制"五个模块对企业的整个经营过程进行了系统化的梳理指导。以前很多人推崇特劳特的定位理论，但把特劳特所讲的定位局限在广告定位，从现在的品牌营销来看，广告的形态也在变化，我觉得衡量一个企业或者品牌是否优秀的标准不仅仅是你的知名度有多高，而是你存活的是否健康，是否有可持续的发展能力。现在很多企业还是走老路子，妄想通过一句广告语、一个广告片就能杀出一片天，如果你不停的搞广告轰炸，不能给用户、客户带来实际的价值，只要效益没跟上，大把资金就打了水漂。好的广告创意当然是必不可少的，但是如何以四两拨千斤之力撬动市场，抢占消费者心智非常重要，互联网思维下的营销哲学区别与传统营销手段的一个具体特征就是能通过小的创意投入达到最大化的传播效果。

可以预见的是，未来企业的改革方向大多是围绕互联网化进行的改革，对于缺乏互联网化操作经验的企业，其经营之路的阵痛可想而知。互联网思维已不再是什么新名词，对于企业来说，如何实现互联网思维的落地执行才是亟待解决的问题，相信《互联网引爆》可以给读者们带来更具实战价值的策略思路。在此也要感谢一下陈凯文先生，因为当下像《互联网引爆》这类实操作品还是太少了。

360 公司 CTO

奇虎 360 副总裁

# 引爆品牌营销　为用户创造价值

这是一个新经济颠覆旧经济的时代，也是一个移动互联网颠覆传统产业的时代。

2015年12月16日，第二届世界互联网大会在浙江乌镇开幕，国家主席习近平出席开幕式并发表主题演讲时指出："以互联网为代表的信息技术日新月异，引领了社会生产新变革"，"要让互联网发展成果惠及13亿中国人民！"

正是在当年的全国两会上，李克强总理在《政府工作报告》中正式提出制定"互联网+"行动计划。

不管你喜不喜欢，互联网就像水和电一样，在深刻地改变着人们的生活、生产、消费、沟通方式。这意味着产品的创新由消费者、客户的思维走向用户的思维，由适应市场到创造市场的需求。

移动互联时代更加注重客户体验，更加注重用户为王，用户为上，要能给用户带来价值，我首先想到的就是要创新，就是要"从无到有、从0到1、填补空白、开创先河、创造奇迹"，这对任何一家企业和每个人的思维都提出了新的挑战。

2015年10月14日在国务院常务会议上，李克强总理指出："今后在工业和制造业领域，也要把"中国制造2025"与"互联网＋"和"双创"紧密结合起来。这将会催生一场'新工业革命'。"

天明集团成立于1993年6月18日，创业24年，创新被奉为天明发展的不竭动力和源泉，从传媒、地产、投资、金融、教育，逐步发展到现在的双创等六个业务板块，24年来，天明跟随时代脚步前进，力争做到人无我有、人有我全、人全我新、人新我优，走在创新的路上！

2014年，天明顺势而为，进入移动互联领域，不断寻找风口和蓝海；2015年，为响应"大众创业 万众创新"号召，天明二次创业，甘做一粒沙，甘当一滴水，愿做双创的探索者、实践者、铺路石，愿倾其一生为创客服务，为双创服务！让创业更容易，助创客更成功，打造创业全生态链，致力于打造中国领先的双创服务生态。

《互联网引爆》这本书也是顺势而为，本书的作者陈凯文先生在品牌营销领域磨炼近二十年，称得上是一位实干家。在本书即将付梓印刷之际，陈凯文先生因为对我所做的双创有所了解，知悉我对互联网和品牌有些感悟，就邀我为该书作序，我盛意难却，希望将我对此书的学习心得与大家分享一下。

互联网时代，企业如何"抓住消费痛点、创造最大价值"，对大部分企业家来说是亟待解决的大问题。企业想利用互联网做好品牌建设和营销推广，首先得为品牌找到风口和引爆点。不管是传统企业还是现代企业，或者是互联网企业乃至移动互联网企业，其本质都是为用户、为消费者创造价值。

互联网思维不是互联网企业的专利，传统企业一旦连接上"互联网引爆"，释放的威力将超乎你的想象。相信《互联网引爆》可以给读者们带来更具实战价值的策略思路。

　　《互联网引爆》中提出，对于品牌引爆，需要"构建一个支点"、"突出一个亮点"、"塑造一个焦点"，永远确保让用户参与进来，构建品牌和用户相互对话的新沟通环境，从而加深用户对品牌的深入认知和情感联结。互联网思维已不再是什么新名词，对于企业来说，如何实现互联网思维的落地，才是亟待解决的问题。而这些，陈凯文先生为大家在书中一一找到了破解的"钥匙"，我也很高兴与大家一同探寻品牌建设的互联网时代方法论。

天明集团创始人

中国创客领袖大会主席

双 12 中国创客日发起人

# 目录 CONTENTS

## 绪论 2  互联网引爆的前提

绪论 1

# 什么是互联网引爆

概述："互联网引爆"是利用"互联网+"，在做好品牌与产品的核心价值的基础上，选择合适的传播平台，找到与品牌、产品相关的切入点，制作符合媒体环境的优质内容，运用一定的推广技巧，在短时间内用较小的投入，迅速引爆品牌与产品，获得大量价值的营销推广模式。

# 01
## 用互联网思维引爆的国产奶粉

中国奶粉行业竞争惨烈，高中低档 43 个奶粉品牌，一线品牌被高价洋奶粉长期霸占，娃哈哈、爱迪生折翅，淡出奶粉市场，蒙牛先与丹麦阿拉福兹生产阿拉奶粉失败，后又联合达能、多美滋与雅士利渠道共用，打通一到五线的全国市场，勉强与伊利金领冠、合生元抗衡。半路杀出的酸奶品牌君乐宝靠哪三板斧，在一片红海中夺得一席之地，同时将居高不下的奶粉价格拉回市场合理价格？

中国的奶粉行业有两项世界之最，一是价格世界最高，二是品牌世界最多。

市场上常见的有 43 个奶粉品牌，分别为国际品牌 5 个：惠氏、美赞臣、雀巢、多美滋、雅培；国内一线 3 个：贝因美、合生元、伊利；国内二线 35 个：圣元、雅士利、完达山、蒙牛、君乐宝、明一、贝智康、飞鹤等。

关于中国的奶粉价格之贵，可能大多数人都知道这个事实。很多消费者从国外代购过来的奶粉折合人民币不过是 100 多元左右，而国内进口高端品牌奶粉的价格接近 400 元 / 罐，而国产的也都超过了 300 元 / 罐。

合理智创对全世界 30 个国家的 900 克罐装奶粉价格做了比较，得出的结果是：折合成人民币，除了澳大利亚的平均价格达到 160 元，其他国家都在 110 ～ 130 元之间，而我国是在 240 ～ 250 元之间。2008 年以前，国内市场奶粉的主流价格在 140 ～ 160 元，而目前主流产品价格已达到 250 元左右，涨幅超过 60%。

价格一直是压在众多爸爸妈妈们心中的一块石头，价格高却又不得不买。

在欧美地区，婴幼儿奶粉的支出一般仅占家庭可支配收入的 3%，而在中国的发达城市之一北京，这一比例却高达 26% 之多，远远超出 8% 的安全合理上限。

到底是什么原因导致奶粉在中国卖得这么贵，其间又有着怎样的利益链条和规则在运行？

2008 年，婴幼儿奶粉市场发生地震——三聚氰胺事件让国产奶粉集体沦陷。中国乳制品行业的一系列风波将中国消费者带进信任的低谷，消费者对婴幼儿奶粉的安全性、质量尤为关心，对价格的敏感度降低。洋奶粉的市场份额由 2008 年的 70% 上升到 2009 年的 85% 左右，随后，洋品牌掀起了一轮又一轮的涨价风潮，年均提价约 15% 左右。

洋奶粉因为品牌与品质保障在中国的售价持续攀升，国产奶粉也跟风推广高端产品，更推高奶粉价格。国产品牌跟风，使得消费者较为信赖的洋奶粉更有了涨价的底气和理由。配送物流、渠道费用和税点高昂是价格高的一个重要原因。从"出厂"到"上架"的过程中，花在渠道上的费用过高。从各区域总代理到各省、市总经销，再到零售商，因为涉及销售返点，几乎每一层渠道商都要在奶粉里赚 10% ～ 15% 的利润，而为了摆上实体店的货架，企业还要花一笔不小的费用。

波澜不惊的中国奶粉市场一直没有受到价格方面的刺激，消费者也在无可奈何之际继续承受产品的高价。直到被称"奶粉界小米"的搅局者——君乐宝出现。"君乐宝"2014 年 4 月 12 日高调宣布正式进军婴幼儿配方奶粉市场，新品 1 到 3 段产品定价仅 130 元 / 桶（900g 装）。

2014 年 4 月 12 日，君乐宝婴幼儿配方奶粉在其官方旗舰店正式上架，并同时入驻苏宁红孩子、天猫及我买网等商城，成为国内首家完全依托"网络直营销售和电话直营销售"的奶粉品牌。砍掉了传统渠道的五成销售成本。

以渠道创新拉低价格，以一流的品质确保安全放心，这是小米模式成功的关键因素，也是君乐宝奶粉快速实现市场突破的核心优势。君乐宝吸取了小米模式的精髓，以渠道创新成功打破国内奶粉价格瓶颈，重新定义了奶粉价格机制，成为奶粉电商化的标杆。

"产品上线后的第一个月，销量突破了 600 万。6 月 17 日当天在天猫卖出了 109 万的销量，其中 3 段奶粉在所有奶粉中销量排名第六。"

君乐宝的奶粉在 2015 年"双 11"当日销售一空。2015 年 11 月 17 日，君乐宝奶粉事业部总经理刘森淼接受《中国经营报》记者采访时表示，"双 11"当天君乐宝奶粉卖断了货，销售额达 3520 万元，而去年同日销售额为 2830 万元，增幅达 24.38%。

凭借着优质优价的产品策略，君乐宝奶粉不仅在品质上屡获殊荣，相继通过 BRC、IFS 欧盟双认证，同时也收获了市场的认可和消费者的认同。

而君乐宝上市仅 11 天后的一次黑客攻击事件更耐人寻味。

2014 年 4 月 29 日，君乐宝官方网站完全无法正常打开，经排查证实为黑客攻击，随即君乐宝乳业第一时间组织技术力量进行应对，恢复了网站的正常运营。君乐宝低价搅局奶粉业的消息仍然被媒体持续关注，而君乐宝官网被黑事件则成了这一波新闻热点的最新高潮，君乐宝官网被黑疑为同行报复，低价奶粉再次成关注焦点。

君乐宝官网被黑的消息被各大网站报道，转发 129 次，很多媒体也倾向于君乐宝被黑属于同行报复。官网被黑事件为君乐宝奶粉提供了新的舆论热点，再度炒热了关注，君乐宝官网被黑事件也引起了部分微博网民的争论，这种争论本身也扩大到了君乐宝的品牌与低价策略。那位"复仇的同行"似乎反倒帮了君乐宝的忙。

仅 130 元 / 罐的君乐宝获得了很好的市场反响，赢得了消费者的认同。

君乐宝入市后，洋奶粉品牌以及国内高端品牌也纷纷开始打折促销，集中降价。

各个行业都不乏用低价杀入市场的后来者，但不是每个价格屠夫都能成功，在互联网时代，互联网营销公关＋网络电商渠道创新＋低价格高品质产品，是众多中小企业从激烈的市场竞争中杀出一条路子的好模式。

> **凯文观点**：仅仅通过广告轰炸，以虚假概念卖高价就能"蒙"消费者的日子已经一去不复返，企业要敢于第一个"吃螃蟹"，更要善于"吃螃蟹"。

# 02
# 什么是互联网引爆

当今是移动社交时代，也是营销的"移动互联网"时代。不懂市场，谈何营销，企业进行市场营销的时候，首先要认清市场营销的本质，还必须符合营销环境特征。

## 1. 什么是互联网引爆？

为什么把每件事情都做对了，仍有可能错失城池？为什么无人可敌的领先企业，竟在一夜之间虎落平阳？短短三年间诺基亚陨落，摩托罗拉 29 亿美元出售给联想，芯片业霸主英特尔在移动芯片领域份额几乎为零，风光无限的巨头转眼成为被颠覆的恐龙，默默无闻的小公司一战成名迅速崛起。今天，品牌面临一个在新"价值网"中生存的大问题。

广告教父大卫·奥格威在 20 世纪 60 年代中期提出了品牌形象论（Brand Image）的概念，带来了一场广告观念的变革。从那时起，消费者的购买行为便已从产品本身，倾向为品牌所提供的物质利益和心理满足。但是随着传播媒介的变化，移动互联网的普及，把品牌和用户之间距离拉近的同时，也让传统"品牌推送——用户接收"的传播模式再也无法满足品牌和用户之间的有效沟通。

"市场营销"具有三重意蕴：首先，它是面向"市场"，为了"市场"而营销，这是市场营销范畴的前提与基础；其次，它必须要"营"，通过经营管理才能把握市场，"营"是市场营销范畴的过程；第三，它以"销"为落脚点，这是市场营销范畴的目标指向。

"市场"模块解决的是市场营销对象分析的问题，"营"解决的是市场营销过程研究的问题，"销"解决的是市场营销目标实现的问题。只有深入、全面地把握市场营销体系三大模块的真谛，才能使市场营销活动取得成功，才能使产品受到客户的欢迎，才能使企业在激烈的竞争中长盛不衰，才能使关于市场营销的理论研究和实践应用取得符合自身特性与运行机制的价值。

移动互联网时代下的"全景模式"品牌建设需要审视互联网以及移动互联网，需要重新审视"市场营销"，需要互联网思维，需要互联网营销，需要从"互联网消费者"的消费体验出发思考品牌问题，针对"无限扩展"的消费者购买渠道和沟通渠道，实现营销整合的能力，充分发挥社交媒体实现品牌体验化的能力。

> **凯文观点**：打造让用户尖叫的产品，脱离价格战；塑造让用户信赖的品牌，导入价值战。

移动互联网掀起了一场指尖上的营销革命，如果说互联网的兴起，带来的第一波冲击是数字媒体的出现，是消费者媒体选择的变化，那么最新的移动互联网和社交媒体的兴起，对于品牌建设则具有更深刻的影响。

首先，移动互联网的出现和智能手机的普及，对企业而言，增加了一个"品牌触点"。与消费者的沟通渠道从有限时间内的有限渠道，转变为每时每刻都有可能把品牌的信息以精准的方式传达到消费者。

其次，智能手机不但正在成为沟通的终端，也成为服务的终端，购买前的沟通和比较以及购物后的分享等，整个购物环节正在融合到一台智能手机上。

最后，社交媒体正在改变品牌体验的定义。社交媒体提供了一个企业同消费者沟通的直接平台，同时它又是对消费者的极大"赋权"，让信息更加透明，让消费者的消费体验能够成为"品牌内涵"的一部分，影响其他消费者对品牌的印象。于是，品牌的内涵不再由企业唯一主导，而是需要更多去考虑如何吸引消费者一同来推动和定义品牌内涵。这个过程包括"推"和"拉"两方面的工作，企业通过传统的品牌建设方式将品牌内涵"推"向消费者，而同时企业通过社交媒体的影响，以"拉"的方式通过消费者的品牌体验来定义品牌内涵。这样，社交媒体扩大了品牌内涵的维度。

过去品牌对广告策略主要基于属性、优势、益处，以运动鞋为例，我们讲什么呢？通常是它的材质、属性、优势以及对消费者的益处等。今天品牌的价值正在飞速地转向情感、观念。耐克卖的是鞋，但总是让我们对更好的运动状态、人生状态充满期待，这是情感。

> **凯文观点：** 移动互联网没有改变品牌与营销的本质，但是极大地改变了实现品牌内涵的方式方法。

从众多涌现的"淘品牌"的成功来看，它们的共同特点是充分利用社交媒体、移动互联网，以及新旧媒体的互动，来实现以"粉丝"为核心的品牌传播。从"互联的消费者"的消费体验出发思考品牌问题。针对"无限扩展"的消费者购买渠道和沟通渠道，实现营销整合化。充分发挥社交媒体实现品牌体验化——品牌的内涵一半由企业定义，一半由消费者的体验和传播而产生；发挥新一代的数据挖掘（或大数据），实现价值个性化的能力。

在互联网营销浪潮下，众多传统企业已然开始自我洗脑了，但牙膏行业在互联网领域的发展，就好像挤牙膏，这是为什么？关键大家还是在玩细分功能抢天下，佳洁士、高露洁两大巨头的防蛀和美白在高中低段均有覆盖，众多品牌争得你死我活。

过于生硬地强调传统的功能性，在玩 high 了的 80 后、90 后甚至 00 后面前，是多么的无趣！而互联网思维，自诞生之时就带着浓重的"情怀"色彩。粉丝们需要的产品，除了好用，还需要有情感内涵，他们乐于为此埋单。周鸿祎曾说："以前是先做事再说情怀，现在则是先讲情怀再做事。"

冷酸灵在 2014 年"双 11"前，把抗敏感的功能诉求演绎成生活要抗敏感的倡导，和一系列年轻人偶像一起玩情怀，推出定制版的偶像抗敏感牙膏，还紧跟移动互联大玩 O2O，让原本丰富的线下资源发挥双重价值。以互联网思维为武器，这一场传统老品牌的活化之战让业界瞩目！

（1）深刻洞悉时代痛点，并转化为跟年轻群体的对话点

80 后、90 后们面临着各种严苛和冷酷的现实，一方面标榜自我的独特个性；另一方面又对外部世界的评价杯弓蛇影，变得焦虑和迷茫。冷酸灵的品牌团队找到了"痛点"：敏感，是一种时代病，作为中国抗敏感领导牙膏，冷酸灵将产品与情怀结合，把功能层面的牙齿抗敏上升为精神层面的生活抗敏感，提出了"做抗敏感青年"的号召。

（2）产品即媒介，产品即流量入口

互联网思维时代，品牌和消费者之间的沟通变得扁平和透明，因此产品回归成为营销核心！冷酸灵这场"年轻人派对"的核心，正是一款"抗敏感青年特别版套装"。吴秀波、蒋方舟、罗晓韵、张小盒、伟大的安妮5 位在年轻群体中颇具影响力的领袖，把他们各自人生的抗敏感感悟写在了牙膏管上，连同他们的亲笔签名照，一支普通牙膏瞬间有了正能量灵魂。情感价值和功能价值如此完美地汇聚在"抗敏感"这一个诉求上，并落地于产品上。牙膏管背面，更有手机淘宝二维码，扫码进入抗敏感手机游戏，强化品牌认知，再进店获取优惠券，刺激再购买。

该款产品在一天的优先预售日中，就有近千套被抢订，当天访客数和成交额比平时日均提升 100 倍。该产品在 11 月 7 日的聚划算大促中正式发售。

（3）抢占年轻群体的关注入口

冷酸灵以生于 1989 年的《新周刊》副主编蒋方舟一篇《抗敏感，不惶恐》的文章打响头炮，引发了网友的"狂点赞"和大倒苦水。而那句"无痛的是人流，不是人生"更是直指年轻一代"对他人的意见过于敏感，无法忍受不被'点赞'的人生"，号召大家一起抗敏感。文章引发过百万关注，包括任志强、王利芬等社会名人都做了转评。新浪微博有关话题的阅读量超过 6000 万。同期，一部抗敏感青年励志视频也在网络热播，讲述各种被社会吐槽的"草根族"的年轻人如何抗击周遭各种冷言酸语并最终拥抱自己定义的幸福的故事，被网友评论说肯定入选 2014 年十大励志大片。

一个传统牙膏老品牌，突然变得如此年轻有态度，让人眼前一亮。冷酸灵市场部负责人说："企业希望冷酸灵从父辈手上传递到年轻一代的，不仅仅是一个牙齿抗敏感护理的好产品，更是一种抗敏感的生活态度和精神—— 直面时代挑战与考验，执着于梦想，坚守于自己，以积极的正能量影响周围的世界！正如蒋方舟在她长微博上倡导的'从自己身上，克服这个时代'。这也是冷酸灵品牌活化战略的重要一步。"

冷酸灵，这个中国老一辈人的品牌记忆，在互联网思维的驱动下，以超越各大竞争对手的强势姿态，跳出局限，领先一步，改写了被外资企业牵着鼻子走的状态，实现"弯道超车"。

**凯文观点：** 互联网思维不是互联网企业的专利，传统企业已有的巨大动能，一旦连上互联网思维引爆，能释放的威力将超越你的想象。

## 2. 怎样才能做到互联网引爆？

互联网时代，要么做大，要么出局。在互联网冲击传统行业的大时代之中，如何在互联网及移动互联网称霸的数字环境中，寻找到真正有效的市场营销及推广解决方案，是每一家企业所面临的不可避免的话题。

"互联网引爆"营销模式的创新要求企业实现两大转变：对内实现产品研发、资源管理和信息沟通的转变；对外实现传播方式、渠道优化和用户体验的转变。

对内：要求品牌在互联网大数据基础上归纳出消费者的网络行为和消费行为，使企业的产品研发计划和营销方案从客户商业的最前端介入，分析应该给消费者提供怎样的产品，即以服从于"产品 + 服务 + 智能 + 互联"的思路，对产品及企业内部流程进行再造。消费者不再仅仅是消费者，更是产品的设计者，是企业内部流程再造的影响者。

对外：要求品牌应该守正出新，在稳定传统渠道的同时，着眼"眼界"与"跨界"两个方面，运用互联网思维，结合更多的行业和领域，实现大规模的传播。

《互联网引爆》要将营销的观念和方法运用于企业的营销活动，将品牌营销的各个方面、各个环节、各个阶段、各个层次、各种策略（市场调研、目标市场选择、产品、价格、渠道、促销等）加以系统的规划和整合，使之前后成线、上下为经、左右为纬、纵横成网，而且强调各种营销资源的内部互动，使所有具备营销价值的因素合力产生更大的营销效力。

移动营销战略的转型迫在眉睫，而突破的要点在：

要点 1：不是策略平移，而是因地制宜制定营销决策。移动广告如果走传统广告老路的话，将面临着屏幕小、广告位少、流量限制的先天缺陷。因此，广告主在做出营销决策之时，因地制宜显得非常重要。比如可以结合智能手机的特性来挖掘新的广告模式，例如基于位置的广告推送、摇一摇、吹一吹的广告，利用 LBS 功能，广告还能告诉消费者最近的门店在哪里。

要点 2：不只是移动单屏，更要跨终端、跨屏。在投放电视广告时应该配合微博、微信等来实现更大的深度传播价值，或者让电视广告与手机互动起来。

要点3：不只是O2O，更要O2O2O闭环营销。移动互联网是O2O的天堂，通过移动设备可以自由地将互联网与现实生活结合。随着移动支付技术以及相关产业链的成熟，O2O的商业模式也开始进化到O2O2O的闭环模式。

要点4：不只是信息的全时化，还要有场景的全景化。移动互联网时代的到来，加大了用户的应用情景，用户可以全天候、随时随地参与到营销活动当中。同时，广告主可以基于地理位置信息高度精准地推送相关广告内容给地理位置附近的用户，从而拉近用户和广告主的距离，使广告点击率大大提高。

而讨好在线用户的5大关键需求是：

①认出我。今天的个人希望被认出。在每一个接触点，营销人都要展示其知道他们是谁，知道他们要什么。

②把我当个体对待。个性化的内容、短信都是一种必须。为了证明品牌懂得用户，营销人就需要聚焦他们关心的事情，并用一种与他们关联的声音说话。

③让它对我易用。始终在线用户应该拥有无缝的跨平台品牌体验。营销人需要允许他们与品牌互动，并通过他们发出声音的渠道进行交易。

④预期我的需求。始终在线用户需要便利性。营销人必须在道路上的每一步都能提供帮助及提供信息。

⑤给我一个声音。营销人必须重视始终在线用户坦诚的意见，并给他们提供分享意见的工具，让他们随时随地可以分享。

> **凯文观点**：《互联网引爆》是一套方法论，更是一套思想体系。价值：要独特、要持久、与用户相关、对用户有利；引爆：营销节奏要迅速、传播范围要大、品牌印象要深刻。

# 03
# 引爆要把握消费者的变化

　　营销主要是针对人，所以，营销必先研究人，研究用户的消费心理、消费动机、消费目的。互联网淘汰、升级了旧事物，改变了生活的方方面面，消费者的思维和行为已经改变，而品牌不改变，只有死路一条！

　　纵观整个茶饮料行业，产品面临着品类老化、品类同质化、价格恶性竞争等挑战。在红茶、绿茶、乌龙茶等常规茶饮料市场泛滥的环境中，统一避开市场混战，重新切割现有竞争范畴，主抓细分，率先开辟冷泡茶系列。

　　台湾风情的冷泡茶"不伤胃、不失眠"等特性，比开水泡茶更加温和，适宜更广泛的消费群体。统一迎合消费者的需求趋势，打造出这款淡甜、不苦涩、清爽、有新鲜感的饮料。

　　目标群体由大众转向年轻学生；统一通过该产品在积极寻求品牌年轻化，这个年纪的消费者伴随着互联网长大，统一抓住他们追求个性、喜欢新奇与渴望被关注的性格特征，推出了小茗同学，产品更加贴切年轻人的生活，名字读起来又朗朗上口，便于记忆。

　　当下，80后、90后甚至是00后的消费潜能不断释放，带来了巨大的产品创新空间，好奇、另类、新颖是"标签"和"符号"，抓住他们，也就抓住了未来的主要购买力，这也是统一推出 2015 年新品——小茗同学茶饮的一大原因。

包装方面，小茗同学的设计具有很大的趣味性：色彩丰富，瓶身上标有表情夸张且个性的头像元素，在风格上更符合年轻人的喜好；另外，独特的瓶盖设计，带有趣味性的盖中盖玩法，也在唤起 90 后儿时的记忆。

为配合新品的铺市，统一在微博、微信等自媒体上为小茗同学造势，发起了一系列的话题讨论。借力微博和真人秀，吸引年轻人关注；小茗同学迅速攻占了各地区的学校，此外还有商超、网吧和各类休闲场所，而这些都是年轻人经常活动的一些场所。

"小茗同学"茶饮，成为 2015 年统一赢得市场的战略产品。而事实证明小茗同学确实不负众望，在 2015 年 3–7 月，小茗同学的销售额超 5 亿元，成为统一的火爆单品。

> **凯文观点**：互联网时代的产品是时尚的、有活力的，必须利用互联网基因，进行品类创新，迎合消费者的需求。

### 1. 一些重要的现实

中国中产阶级正在崛起，他们追求自我、个性以及独立的生活方式；在获得产品功能层面的基本利益外，更希望能够获得一种审美体验、快乐感觉和社会地位等象征意义。所以在营销中要学会从不同角度观察消费者变化，从而找到有效的营销策略。

（1）80 后、90 后、00 后新消费力量的崛起

中国 1980 年以后出生的人口约为 4.2 亿，占总人口的 31.4%。如今他们已成为各类市场尤其是高端市场的消费主力。

（2）高端消费群体形成与壮大

人们越来越多地要求时尚、休闲，注重情感消费，对健康、绿色、快捷、

便利有更高的期望。

（3）对品牌的期望在持续上升

一方面是对商品功能的要求，如耐用性、舒适性和口感等；另一方面是对品牌的象征性意义的要求越来越高，消费在一定意义是自我的象征。

（4）产品真正由消费者主导

过去，产品生产商、服务供应商的思维是：我提供产品服务，通过推广、营销，让消费者知晓、体验，再购买，赢得市场份额。现在是众包众筹、群策群力。小米手机的成功证明了把消费者动员起来的力量。在产品出现之前，消费者已经决定是否要买，由他们给意见，投票支持生产的，就不可能卖不出去。

（5）用户体验不断升级

过去我们讲用户体验，都是集中讨论购买过程中的体验。移动营销时代，消费者体验并没有线上线下之分，也没有"售前"和"售后"之别。对于营销的挑战是，如何让消费者在需求产生、信息获取、产品比较、价值评估、购买达成、退货换货、使用体验、售后保障、体验分享等无数个体验环节都能获得满意的体验。

（6）今天的我们已经是"多屏时代"

上网不再局限于PC端，可以是智能手机、平板电脑、智能电视、甚至连传统的户外广告也可以变身成为互联网的屏幕，以及不断推陈出新的可携性工具（比如谷歌眼镜、智能腕表等等），这些存在就是互联网的代名词，是随时随地随意，存在于我们每个人和物的身边，不可避免。

（7）社交网络的普及

在中国，社会化媒体用户已超过5亿，社会化媒体上每个人都有发言权，发表观点，跟其他人讨论。每个人都有一定的影响力，粉丝多的人就被定位为意见领袖、大V。

传统媒体不再处于信息传播的顶端，而是跌落于网状立体模型中，信息传播渠道由单一转为多元。信息在传递的过程中可发生无数转折，信息、资料不断地被塑造、扭曲、反弹和改变。

对品牌而言，必须要有效地利用这些网络上的意见领袖，增加品牌的曝光度和美誉度。

（8）社群口碑影响力巨大

互联网经济是社群经济。品牌要建立的是粉丝部落，品牌要像教会一样，懂得带领信众（粉丝），传播"真理"，而且还要动员粉丝口口相传，成为品牌的维护者、推销员和倡导者。羊群效应推到一个临界点，就会产生大爆发，到时候品牌就会成为社会符号，人人追捧了。

（9）宣传推广无规则

现在的营销讲究反应敏捷，随时随地，因为我们根本不知道明天会发生什么社会事件，会有什么热点话题。在移动营销的概念里，也许只能有预设的场景，连规划都难以进行。品牌要非常勤快地关注市场和消费者变化，要随时微调策略。

> **凯文观点：**能够长期存活的品牌是因为产品或服务迎合了不断变化的消费者需求，并满足了他们更高一级的体验感受。

## 2. 消费者心理与行为的变化

在互联网和社会化媒体影响下，消费者心理发生了巨大的变化，同时又快速地影响消费行为。如果今天经营者忽视社会化媒体下消费者变化对营销的影响力，没有一个企业能够"伤得起"。

李宁公司其实是 90 后。但是，这家 1991 年创办的公司，与它一度想营销指向的那个人群"90 后"的状态，却差得太远。

2010 年，李宁公司开始品牌重塑，选择了全面拥抱 90 后这一年轻消费群体作为重点品牌路线，发动了声势浩大的"90 后李宁"的新品牌推广攻势，试图从年轻消费群中取得更多的市场份额以保持持续的高增长。但新用户不买账，老用户不埋单。

李宁在品牌重塑、定位"90后李宁"的战略决策中，存在非常严重的失误。

首先，去李宁化而不是与时俱进丰富李宁品牌的内涵，丢弃李宁最宝贵的品牌资产，导致缺乏清晰的品牌定位，与90后无法进行紧密的情感连接；李宁公司到底是什么？它传递的品牌理念是什么？它与耐克、阿迪达斯等国际品牌的区别在哪里？这个一直没有给出清晰答案，也就无法给90后一个很有效的情感连接。

其次，进行品牌重塑的整个过程，被营销者主观上的"90后"所主导，而忽略了90后的客观属性，所有的工作基于想象而不是了解，导致无法打动90后群体的心灵最深处。

李宁的代言人林志玲对90后来说完全失效。同时陷入主观的90后，90后不是统一型号的社会产品，拒绝标签化是90后最大的共性，他们每个人鲜活的个性都是无法复制的，在营销90后时绝不能简单地给他们贴标签，而应该与他们进行深度沟通。

互联网、社交媒体改变了消费方式，也在改变着习惯，冲击着制度，在数字时代下消费才开始真正做到以消费者需求为主导。消费者网上购物将拥有比过去更大的自由选择权，特别是能根据自己的特点和需求在全球范围内找寻满足他们的商品，不受地域限制。

（1）消费者的主动性提高

消费者为自己打算，不再总是相信品牌向他们灌输的信息内容。消费者会经常查看与关注那些由真实用户发表与分享的产品使用体验与回馈，会从不同渠道了解各种品牌、产品信息，会比较判断其真实可靠性。

消费者意见可以通过网络直接反馈到生产者那里，从而让生产者可以直接根据消费者的要求对产品进行改造，调整营销策略。通过这种方式，消费者对生产者的行为进行干预，影响生产者的设计、生产和决策，在购物过程中也变得越来越主动。

（2）消费者购买倾向于个性化

网上购物以年轻化、知识化的消费者群体为主，他们在购物消费的同时也在追求较高层次的心理需求满足，更加重视商品的象征意义，注重通过消费来获取个性的和精神的愉悦、舒适及优越感。注重消费与自身形象和个性关系的密切程度，购买的往往是由理性判断和心理认同的个性化商品，甚至要求完全个性化的定制服务。

（3）安全、健康意识更强

随着我国改革开放，居民收入水平不断上升，人们对饮食结构、健康要求有了新需求。在过去 5 至 10 年里社会上曝光了很多食品安全方面的负面新闻，让消费者提高了对食品安全的关注度，在 2015 年 10 月 29 日结束的第十八届中央委员会第五次全体会议中，"健康中国"战略正式上升为国家战略。

科技也发挥了重要的作用。消费者会使用运动手环、手机、平板应用监控他们的健康程度。

（4）互动点评空前提高

消费者自主表达欲望增强，更注重实时联系与信息分享。

商品消费点评兴起，消费者可将自己的消费感受与感兴趣者进行分享，倾听他人的经验与建议；他们乐于在群组中交流消费心得，并且乐于满足个人的角色扮演欲望，成为别人认可或接受某一品牌的意见领袖。品牌必须找出与这些"极富经验"的消费者进行有效互动的新方式。

（5）与品牌沟通兴趣提高

如果厂商在设计开发产品时能够提供让消费者互动参与的机会，他们会乐于参加并给出有价值的想法。基于在线社区招募会员，以消费者洞察与研究为主旨的，在一个或多个在线平台有组织地开展互动，借助各种有效的研究技术与方法获取消费者洞察；通过品牌社区，他们正在成为品牌"事实上"的营销经理或顾问。

源自消费者的每条评论、微博和微信或产品测评都会成为网络上的一条永久记录，它们会像官网上自主发布的品牌信息一样，在百度或谷歌搜索时跳跃出来，影响消费者的品牌选择与态度。

江小白自 2012 年推出以来，就在追求高端大气上档次的白酒行业里，掀起了一阵青春时尚小酒的风潮。江小白，酷到没朋友，一个新品牌一年的销售额达 5000 万，毛利 30% 左右。

江小白的目标客户是 80 后，规模不大，可能占整个市场的 15% ~ 20%。江小白没有大众的资格，茅台、五粮液的品牌格局已经形成了；江小白只是在大行业里面找一个小切口；这个市场总体是一个不大的市场。现在 80 后只占到 15%，没关系，再过两年、五年，可能会扩大到 30%，以后更大。

江小白从一开始定位就与传统白酒不一样，它是可以做鸡尾酒的基酒。这是对国际市场一个洞察，你会发现洋酒里的威士忌过去十年欣欣向荣，而一些传统酒种，反而不会那么被年轻人喜欢。因为一定要让消费者在消费中的体验是丰富多彩的，就是很有意思的一种消费过程和体验。比如现在年轻人喝芝华士，喝纯的芝华士的人很少，都会兑，可能根据自己的口感搭配加一点冷饮。80 后消费者最大的特点就是多样化、个性化，他希望一桌人热闹，我调一个什么酒，他调一个什么酒，比较有意思。

对酒精度数，要求要低一些。女孩子以前在餐桌上没有参与感，酒量小，喝不了。现在有江小白，她就可以调啊。可以加一份酒，然后加五份冰红茶，度数很低了，这本身是对年轻消费者的一个尊重，也是对他们消费需求的一个满足。江小白创造的需求，以前是没有的或者被忽略的，就是江小白的年轻消费者，或者女性消费者的比例，在整个行业里都是最高的。年轻消费者占 90% 以上。女性消费者，普通白酒 10% 都不到，江小白起码有 30% 左右。

**凯文观点：** 如果品牌不能及时了解与把握消费趋势、行为习惯、心理变化这些内容，营销与销售将变得十分困难。

# 04
# 引爆要学会市场调研

　　*营销策略、产品研发都是基于精准的消费洞察；消费洞察来源于严谨的市场调研；互联网、社交网络提供了一种双向互动的信息沟通方式，通过网络进行市场调研，能使品牌的营销决策更加完善、有的放矢。*

## 1. 如何巧妙利用互联网做调研

　　网络市场调研是基于互联网，利用各种搜索引擎寻找竞争环境信息、客户信息、供求信息的行为，系统地进行营销信息的收集、整理、分析和研究的过程。相对于传统的调研方式，互联网调研具有及时性、共享性、准确性、交互性、经济性、可控制性和无时空限制的特点。同时传统方式与网络市场调研两种方式的结合可以得到更加精准的调研结果。

　　（1）网上市场调研的优势

　　①及时性和共享性。网上调查是开放的，任何网民都可以进行投票和查看结果，而且在投票信息经过统计分析软件初步处理后，可以马上查看到阶段性的调查结果。

②便捷性和低费用。实施网上调查可以在一定程度上节省传统调查中耗费的大量人力和物力。

③交互性和充分性。网络的最大好处是交互性，在网上调查时，被调查对象可以及时就相关问题提出自己更多看法和建议，可减少因问卷设计不合理导致的调查结论偏差。

④可靠性和客观性。实施网上调查，被调查者是在完全自愿的原则下参与调查，调查的针对性更强，因此问卷填写信息更加可靠，调查结论更加客观。

⑤无时空、地域限制。网上市场调查是 24 小时全天候的调查，这就与受区域制约和时间制约的传统调研方式有很大不同。

⑥可检验性和可控制性。利用 Internet 进行网上调查收集信息，可以有效地对采集信息的质量实施系统的检验和控制。

（2）网上直接调查法

①在线调查表。

品牌网站本身就是一个有效的网上调查工具，在网站上设置调查表，访问者在线填写并提交到网站服务器，这是网上调查最基本的形式，也是问卷调查方法在互联网上的延伸。

②电子邮件调查。

同传统调查中的邮寄调查表的道理一样，将设计好的调查表直接发送到被调查者的邮箱中，或者在电子邮件正文中给出一个网址链接到在线调查表页面。前提条件是已经获得被调查者的电子邮件地址，并且预计他们对调查的内容感兴趣。

③讨论组型。

在相应的 QQ 群、微信群、讨论组中发布问卷信息，或者发布调查题目，这种方式与 E-mail 型一样，成本费用比较低廉而且是主动型的。但是要注意网上行为规范，调查的内容应与讨论组主题相关，否则可能会导致被调查对象的反感甚至是抗议。

④对网站访问者的抽样调查。

利用一些访问者跟踪软件，按照一定的抽样原则对某些访问者进行调查。例如在某一天或几天中某个时段，在网站主页上设置一个弹出窗口，其中包含调查问卷设计内容，或者在网站主要页面的显著位置放置在线调查表，请求访问者参与调查。

采用网上问卷调查时，问卷设计的质量直接影响到调查效果。设计不合理的网上调查问卷网民可能拒绝参与调查，更谈不上调查效果了。因此，在设计问卷时除了遵循一般问卷设计的一些要求外，还应该注意下面几点：

有选择性地调查。不要轻易打扰调查者，同时给他们选择不参与调查的权利。

以用户的角度出发。设想您就是顾客，从他的角度来了解客户需求，从而设定问卷内容。

注意问卷的合理性。在问卷中设置合理数量的问题和控制填写问卷时间，有助于提高问卷的完整性和有效性。

注意保护调查对象的个人隐私。

答谢被调查者。给予被调查者适当的奖励和答谢，对于网上调查来说是十分必要的，这既有利于调动网上用户参与网上调查的积极性，又可以弥补因接受调查而附加到被调查者身上的费用。

⑤通过网络进行产品试用。

在快消品行业，为了确保产品被消费者接受，一般都会在新产品上市之前进行新产品试用，提早发现问题所在并进行调整，以防止对品牌造成不利影响。

通过网络进行产品试用还可作为新品上市宣传方式。一方面，目标试用对象体验了新产品带来的体验；另一方面，同时又对消费者进行了深度的教育（特别是具有新概念、新技术或者新的使用方法的产品，教育更直接）。

在通过网络进行产品试用时，应注意网络试用的可行性。一般网络试用产品都是通过邮寄方式进行的，比较适合于化妆品、洗涤类产品、女性卫生产品、IT 及数码产品等，但对于食品、饮料类可能就不太适用，特别是保鲜要求比较高的产品，对于其他品类可以通过网络进行宣传，扩大试用样本。

（3）网上间接调查方法

一般通过搜索引擎检索有关站点的网址，然后访问所想查找信息的网站或网页。在提供信息服务和查询的网站中，网站一般都提供信息检索和查询的功能。

①利用搜索引擎收集资料。

利用网上搜索可以收集到市场调研所需要的大部分第二手资料，如大型调查咨询公司的公开性调查报告，大型品牌、商业组织、学术团体、著名报刊等发布的调查资料，政府机构发布的调查统计信息，等等。

②利用公告栏收集资料。

公告栏（BBS）就是在网上提供的公开"场地"，任何人都可以在上面进行留言回答问题或发表意见和问题，也可以查看其他人的留言，好比在一个公共场所进行讨论一样，你可以随意参加也可以随意离开。

③通过点评类网络收集评论。

通过点评类网络，可直观地了解到各区域消费者对产品直接的评价信息，可作为竞争品牌产品线研究的新渠道，非常合适于餐饮类、服务类及食品类的竞争分析。

通过点评类网络对竞品分析的优势：评价人群广泛、评价结果客观、统计分析更方便。

通过点评类网络对竞品分析应注意的事项：

点评者是否具有内幕操作。有些公司为了做宣传，可能利用点评网对自己的产品进行点评，以提高消费者选择概率。对于这个问题需要辩证地来看，一方面，公司对自己产品自行点评，不能代表消费者观点，不具有普遍性，应进行规避；另一方面，公司对产品的点评，恰好是自己产品推广的需要，也就是主推产品、主打特色，作为产品经理，可以通过数据统计了解到竞争品近阶段的产品策略，以进行分析。

点评类网站对于自身产品同样可以得到有价值的信息。比如对产品喜好度、产品价格的认可度、销售环境的满意度、终端服务态度等进行了解，以得到一手资料，但同样应该辩证地对待问题，防止恶意点评现象。

> **凯文观点**：有准确的市场调研才能击中靶心，不会像瞎子走路，两眼一抹黑。

### 2. 基于定制的大数据分析

马云在一次演讲中提到，未来的时代将不是 IT 时代，而是 DT 的时代，DT 就是数据科技，足见大数据对于阿里巴巴集团来说举足轻重。对于很多品牌而言，如何利用大数据是赢得竞争的关键。

随着移动互联网的发展，公众正在通过多种渠道与您的品牌交互，每一次不同的交互都关系到整体客户体验，每一次交互对于了解并最终发现客户的心声都非常重要。这些频繁的交互产生了大量数据，也就是我们常说的大数据的一种。当然还有一个问题，叫 Infobesity（数据肥胖症）。以前没有数据，花钱买数据，现在太多的数据，这么多信息，怎么应对？不知道这里面怎么洞察，也不知道哪些 KPI 会对他有意义。

通过几英寸的屏幕，消费者随时随地都在和品牌互动，这对品牌来说既是好事也是坏事。品牌从未有机会如此接近并时刻聆听消费者的声音。但是，毫无组织的信息对品牌来说并没有太大价值，甚至会成为负担。尽管"随时随地"让品牌有机会更了解消费者，但"何时何地"才是营销者应该着重考虑的问题。

那么，如何在零散的消费者数据中挖掘出真正有价值的信息呢？想必以下 IKEA 的例子将给你带来一些启示。

IKEA catalog，是 IKEA 配合其杂志推出的一款非常有趣的 App，用户打开 App 并扫过 IKEA 的杂志，可以透过手机屏幕，看到原本空无一物的室内图中出现各种各样的家具；它通过改变杂志阅读的方式，将原本无法记录的消费者与品牌互动的行为，通过 App 一滴不漏地记录下来。

例如，通过记录消费者在杂志页面停留的时间，IKEA 可以知道消费者喜欢哪种类型的家居风格和哪种款式的家具，通过有组织的数据分析，品牌能比消费者更了解其偏好。

Nike 通过内置在运动鞋里的微型传感器以及手机端的 Nike+ App 记录用户的跑步信息，包括路程、频率、位置等，在帮助用户能更好地制订跑步计划的同时，也让品牌能更好地了解用户的喜好和需求。

当我们在尽力让品牌与消费者的互动变得有趣的同时，也要考虑它给品牌带来的内在价值。所以，我们在将我们的创意付诸实施之前不妨先尝试以下几个步骤：

构建互动场景：何时，何地，和谁一起？时间地点会影响用户体验，比如有没有 Wi-Fi，周围是否安静，目标是否在持续移动中。

列出所有可能的互动行为和可记录数据，并设计原始数据记录表——点击、浏览、评论、滑动、扫描、截图，所在位置、时间、停留时长等等，设计一个表格并记录它们。

假设一组数据记录，并分析假设对象与品牌、产品相关的偏好、购买等评价维度。比如 IKEA 的例子中假设的数据记录是"3 次浏览商品 A，10min 停留时长"，可以初步认为该消费者对商品 A 的偏好程度是"考虑购买"。

基于上面的假设，列出具体的评价维度并逐个量化。如在 IKEA 的例子中，评价维度是"对家居风格的偏好程度"，量化的等级分别是：考虑购买、喜欢、感兴趣、普通，分别用 1~10 分表示偏好程度。

制订营销推广方案。

三只松鼠有一套基于互联网技术的大数据系统。系统每天把顾客评价用关键词筛选出来，得出一些结论，哪些不好、哪些有待改善，然后传递到相应的部门进行改进。比如消费者说籽粒太小、口味不适合、椒盐味太重……三只松鼠就立刻抓取信息，改进品质；如果消费者说物流发货太慢，三只松鼠就会调整快递公司。

三只松鼠 CEO 章燎原说自己每天最多的时间用来看消费者反馈的数据，其次是关注一线员工的诉求。"我只要抓一点就行了——消费者反馈，就能知道一个公司的运营情况。过去我可能会抓个部门经理问问，一般是报喜不报忧。现在，消费者在微博上一个投诉，我就知道哪个部门有问题了。"

三只松鼠比传统品牌更容易控制成本，因为一切都建立在数据之上。比如做广告，传统品牌到电视台做广告，最多调查一下收视率；而三只松鼠做广告，不但知道多少人看过，还知道多少人因此到店里来，花出的广告费相应产生了多少利润。可以在大屏幕上看到实时销售额，比如昨天卖了 200 万，今天早上就能看到这 200 万的成本和利润分配，有不合理的地方马上改进。

大数据能够找到用户的痛点，帮助品牌发现问题。打造与用户的双向沟通渠道，针对性地给出私人定制解决方案，引导用户行为习惯，最终实现品牌好感度和忠诚度，让用户对品牌形成依赖。

> **凯文观点**：品牌不仅要会建立自己的大数据体系，还要学会大数据深耕与落地，从交互数据中获取客户心声。碎片化交互数据不能只停留在量的层面，必须要有相应的线索和逻辑才能通过碎片还原出真正的价值。

# 05
# 引爆要预知营销趋势

营销活动的战场、战术随着市场在变迁，成功的品牌从不墨守成规，他们都是营销弄潮儿，都是抢在这些趋势的前头，并提前预见下一个大趋势。

谈及未来世界的广告，很多人有过这样的畅想：当你路过一家美食店，手机会自动弹出这家店的团购信息；而根据你的日常饮食习惯与身体健康指数等数据信息，手机会自动为你推荐适合你的套餐；再根据你的账单流水，判断这餐花得值与不值；甚至，通过你的情感状况，建议你坐在哪个区域更能够引起异性的注意……

这种神级的广告段子，曾经被营销人一笑而过，然而在当下却有可能成为现实。在这段幻想中，我们看到了几个关键词：手机、数据信息、自动推荐，这也印证了当下营销大趋势之一：移动化、数据化。

新技术不断产生，导致营销活动的战场、战术随着客户在变迁，数据与技术成为营销的双引擎。聪明的品牌营销人员深知，他们必须抢在这些趋势的前头，并提前预见下一个大趋势，否则就会被竞争对手吞灭。

营销为什么越来越难？为何广告、活动打出去没有效果？营销生态每一年都在改变，当前营销正处在这样一个高度竞争、瞬息万变的宏观环境之中，新生态要求新的营销手段，了解新的变化趋势有利于更好地开展营销策划。

（1）营销渠道的变革，使用更多的拉力，更少的推力

以前，我们不断将信息抛向消费者，希望其接收。现在用户对单纯的广告不感兴趣，营销要让消费者参与到整个过程中。成功的营销者会引导消费者进入营销话题，现在应该使用更多的拉力，将消费者拉到我们身边，收集大数据，打造粉丝群，并将这些运用在营销中。

美国在线平台 CutonYourBias，邀请时装设计师在网站上发布自己的产品概念，网站的用户可以就设计师所发布的概念以及定制化设计进行投票。最受欢迎的定制化设计将被生产出来并在网站上销售。把选票投给了获胜的设计产品将可能获得 25% 的购买折扣。在这里，消费者可以选择最好的设计，而销售者可以完成预约、设计、制造和销售。

喜力啤酒曾跟一家平面媒体和一家网站进行合作，针对啤酒消费者中的朋友圈做了一个网上推广活动。

在活动之初，喜力就已经分析了啤酒爱好者的消费习惯，去酒吧喝酒的时候一般都是跟非常要好的朋友一起，这样自然而然地就形成了一个特定、稳定的交际圈。喜力啤酒的网上推广活动正是瞄准这样一个特定的消费群体。

只要消费者进入这个活动网站，或者说游戏，"造谣运动"就开始了。它有这样一个流程：首先用户要为自己确定一个身份，然后制造一个事件，并可以将"造谣"对象的名字以及"造谣"的内容添加到网上，比如说某某朋友在某时某地做了某件事情等。最后，用户会得到两个版本的截图，且有着跟真正媒体一样的刊登环境。

拿到这张截图以后，游戏参与者可以马上转发给一大堆朋友，当然也包括被"迫害"的朋友在内。这些人收到照片以后，可能会信以为真，也

可能看破真相觉得非常好玩。出于关心、着急、幸灾乐祸，甚至唯恐天下不乱的心理，收到照片的人就会在朋友圈中继续传播，影响更多的人。"谣言"在不断复制，新的"谣言"也层出不穷，这使得活动的波及面越来越广。

在这个活动中，网络为人们提供了一个及时行乐的场所和快速复制的娱乐手段。活动的发起方只需将最简单的第一步告知给用户，用户开始制作"造谣"事件，一个新的传播链条就形成了，并且会产生不断地向下一个环节裂变的效果。整个事件本身就是一次快乐的"病毒式营销"。

活动网站的流量疯长，也使得喜力的品牌形象得到了源源不断的传播。在活动中，喜力扮演了朋友之间沟通的桥梁和纽带，增强了消费人群的好感度。而活动制作和传播的较低成本，也使得喜力取得了事半功倍的营销效果。

（2）"预测式"营销，个性化推送

营销需要倾听消费者在说什么，还要倾听他们想要什么，通过"倾听"进行"个性推送"；豆瓣电台根据用户的音乐收听记录和喜好推荐音乐的历史已经很久了。"预定向广告"与此类似。"预定向广告"通过大数据分析来预测消费者的需求和偏好，并且在他们的购买行为发生前进行推送。"倾听"已经从人工检索和分析向大数据分析演进。内容营销也将从"实时内容"时代跨入"预测内容"时代。

在网上购物时，通常我们选择好一件衣服后，在下方广告位置系统就会根据大数据分析，推送其他用户购买过的裤子鞋子等。苏宁也在进行尝试，通过打通线上线下，挖掘大数据，推行"预测营销"。这也意味着，苏宁将很多网上商城在网页上向顾客推荐的"可能感兴趣的商品"送到了家门口。

上海夏小姐是苏宁易购的会员，在之前6个月里，她持续在苏宁易购购买了某品牌的奶粉。根据其浏览记录，她曾多次浏览1个月左右的婴幼儿服装等产品。之前3个月内，基本每月都会在苏宁易购网购大王纸尿裤。据此，苏宁大数据模型预测，夏小姐即将再次购买大王纸尿裤，就在其购买奶粉及其他商品时，让苏宁快递员小张携带其经常购买的品牌的纸尿裤上门进行"预测营销"。

夏小姐在签收完奶粉等商品后，小张拿出了包装好的品牌纸尿裤。"这是我们系统根据您的购买习惯向您推荐的纸尿裤，您看有需要吗？"夏小姐仔细听小张介绍系统帮忙下单的过程后，表示正好还有一个礼拜就要购买相关商品，接受了快递员的推荐，现场刷卡买下了苏宁提前下单、包装好的商品。

苏宁相关人士表示，以母婴商品为例，通过顾客家的宝宝奶粉食用速度，初步判断体重，并根据购买纸尿裤的周期判断需求时间，以及每一次购物习惯性的总金额等一系列数据，最终得出其可能正需求某个尺寸及型号的纸尿裤。

快递员送货上门时，还会附带额外赠礼或者额外折扣。为了确定要带什么商品上门，苏宁的会员分析师可能会参照以前的付费订单、商品搜索痕迹、加入购物车商品、单件商品浏览时间等等互联网行为，从而判断出需求产品。

苏宁在上海、北京两地选择 5000 名顾客首度尝试"预测营销"。根据苏宁当天测试的结果看，有 260 多位顾客通过这种预测营销产生了二次消费，占比超过 5%。这个比率经过大数据分析后，远高于未经分析的 0.6% 的比率。

这种"未下单、先发货"的经营方式，仍处于摸索和试错的阶段，分析能力是关键，后期随着分析准确性的提升，将是零售增量的一个重要渠道。

（3）重新构建内容本身的价值

品牌呆板说教、组织无聊活动的日子已渐行渐远。各种社交媒体出现的裂变和细分，造成信息多元甚至泛滥。基于各领域专业化、细分化的深度趣味内容成为读者所需。

在这个基础上，内容本身的价值，也面临重新被发现的过程。内容的实时化减少了品牌对内容的控制和垄断，让内容的制作和传播更加透明和平等。品牌将不再拥有和控制内容，而是将和用户一起创造和共享内容。

故宫淘宝为了推荐一款骨瓷的杯子，"脑洞大开"创作长图文《她比四爷还忙》，将沉闷的历史转化成电视剧里四爷和若曦的爱情故事，最后引出原来比四爷还忙的女人是钮钴禄氏。之后，文章顺势讲述这个女人身上的故事，并在最后"卖萌"植入广告。故宫淘宝的这条内容，以生动有趣的讲述方式，运用当下流行的网络语言并巧妙地集合了历史与产品，对消费者来说喜闻乐见，因此也引起大量网友的传播，还带动《人民日报》等媒体的转载。

（4）新型营销技术将成重要驱动力

用户受众场景化、碎片化的新媒体营销时代，营销不仅要致力于生产符合新媒体传播的内容形态，还要通过有效的技术创新，在跨维度竞争的营销战场玩出新花样。

比如 GPS、iBeacons（低功耗蓝牙技术）、射频识别技术（RFID）和虚拟现实技术。

iBeacons 能帮助活动参加者尽可能多地在各种会议之间签到与互动。还为添加联系人、发送即时消息（包括推送）提供了条件。射频识别（RFID）设备能够通过读取标签快速识别身份。射频识别技术能放入腕带、卡片和应用程序，让参与者能够用更先进的方式参与其中。虚拟现实技术：利用计算机生成一种多源信息融合的三维动态模拟环境，虚拟现实技术在营销领域里以新鲜有趣的一种手段给予用户一种全新的科技尝试；然而技术虽重要，如何更加巧妙地将创意融合其中并且完善体验才能更好地让用户埋单。

三星为了推广新上市手机的视频通话功能，举行了一次 GearVR 营销活动：居住在澳大利亚珀斯的拉尔克夫妇育有两名子女，2 月 20 日迎来家庭第三个新生命。但当天拉尔克先生在 2500 英里外的昆士兰工作。为了让拉尔克先生亲眼看到自己的孩子出生，三星在手术房架设 360 度摄影机；

给拉尔克先生戴上 GearVR；只要拉尔克先生转动头部，就可以看到整间手术房的即时影像，在第三个儿子出生时，他还能看到婴儿的 3D 影像。

在洛杉矶车展上克莱斯勒利用 VR 设备应用向用户展示了克莱斯勒工厂里一个汽车制造过程，让用户在车展上不仅体验汽车外在的品质，还能感知克莱斯勒对汽车内在细节的制造过程。

当然虚拟现实技术不仅仅局限于一次小的活动，它有可能是下一个网络变革的开始。

虚拟现实，这是谷歌早已布局多时的领域，谷歌眼镜也仅仅只是小试牛刀。我们来看看 Ingress 带给谷歌的到底是什么：

正如 Ingress 官网上最醒目的那句话：The world around you is not what it seems。

在每一个公园真实的地图上，还叠加着另一层世界，在那里，人类岌岌可危，要为命运做出严肃的选择，公园里的每一座雕塑，每一座凉亭，都是这个名叫 Ingress 的世界里的"门泉"。

游戏基于真实的谷歌地图数据，通过 GPS 并获知玩家所在位置。玩家也只有在距离门泉 40 米以内时，才能对其进行操作，如入侵（Hack）门泉获得道具，为其放置谐振器（Resonator）及各种盾，创建连接，形成三角形的控制场（Field）。

这款由 Google 内部开发的移动游戏，经过长达一年的测试，于 2013 年 12 月正式在 Android 平台推出，2014 年 9 月全球共有超过 700 万用户安装了 Ingress 应用，超过 3 万玩家参与了 Ingress 在全球各地举办的同城战役 "Anomalyevents"。

世界各地的玩家疯狂地上传了大量地理景观数据，谷歌还可将玩家从 A 点到 B 点的行走路线，甚至步速，收集起来进行分析，用于完善谷歌地图服务。Ingress 社区规则特别强调了：玩家要遵守人类世界规则。换言之，不能走的路别走，这样谷歌才能将玩家数据进行处理，让步行导航更为精准。

如果仅仅是为了收集数据，Ingress 大可不必设计出如此复杂的游戏剧情。

当玩家通过Ingress黏合成一个群体，也将谷歌的种种服务串联了起来：玩家之间首选的社交平台是Google+，即时聊天选用环聊，通过谷歌在线表格统计活动人数，再用谷歌日历发起活动邀请，Android平台的Ingress应用也因此比iOS具备更完善的功能，更受玩家青睐。

未来，移动互联网的发展给玩家带来了不同以往的全新的体验，智能移动终端成为了玩家身体的延伸，借助精确的GPS定位系统，消除了虚拟和现实之间的界限。

（5）向移动端迁移

未来的社交网络一定是移动为先，它的核心受众都在移动端。在4G时代来临之际，腾讯放弃了腾讯微博，将资源投入到微视中，就是看好手机和网络的发展必将使得短视频成为更容易被生产和被消费的内容。视频传递的信息远远比图片、声音、文字要丰富得多，它带给我们的是沉浸式的场景化表达。

康佳互联网电视品牌KKTV以"微视"作为支持平台，举办了"新感官玩出位，春季新品发布会"，KKTV一改以往彩电产品的发布常规，别开生面地拍摄了8段微视，在发布会展示的同时，在线上微视平台通过"KKTV电视"官方微视进行了同步发布。分别从多主题UI系统、定制KUI、大拇指自由操控、康佳输入法、NFC无线通讯、极速十核、4K画质、多屏互动8个角度，打破了常规广告片30秒、15秒的形式，用8秒来展现KKTV新品特点，从设计到功能清晰明了，让人耳目一新。

与此同时，柳岩在网上发布了第二条微视，KKTV通过产品植入获得露出，这也是柳岩首条露出商业信息的微视；同时上线的还有由猫扑女神魔女花茶、小龙女韦海珊、鬼步舞达人曲英东、跑酷达人白洁、搞怪达人金大威Abel拍摄的微视，同步展现KKTV春季新品想要倡导的"新感官玩出位"精神。

KKTV同步在微视平台发起"看柳岩微视，评论赢取KKTV"活动与"上传你的玩出位微视、赢取 KKTV 新感官电视"活动，吸引广大网友参与互动。截至 KKTV 正式开始预售，通过热门标签、水印等资源的使用及明星、达人、活动的带动，"新感官玩出位"相关微视在腾讯微视平台超过 36 万条，成为微视上最火的话题标签之一，仅次于腾讯微视官方推出的"中国好声音"话题。

（6）从大平台逃离到垂直社交

垂直社交其实就是在社交网络的基础上，按照不同维度做细分；在现在没有区分的大平台媒体上，用户被各种各样的无效信息轰炸，处理信息变得疲劳而低效，成本剧增。近年来垂直社交产品涌现出来，而这仅仅只是个开始。人们希望通过垂直社交产品解决垂直社交的需求。移动互联网时代的去中心化和去边际化意味着垂直社交还将迎来更大的发展。

口袋电台 Wradio 是一款社交电台产品，它围绕社交电台的核心概念，打造了一个垂直社交平台，将微博、聊天室和 Pinterest 等社交元素融入其中。在 Wradio 上，用户们可以一边听 Wradio 一边和有共同爱好的听众或是主持人进行交流，而主持人也能根据听众们的反应情况，实时进行节目互动。

通过网络社交，Wradio 让电台节目不再是一个单方面的内容发布平台，而变成了一个有极强互动性的社交平台。用户可以自由地分享自己的心情，通过文字或者录音形式来发布。来到 Wradio，喜欢音乐和电台节目的用户会有强烈的归属感，Wradio 提供的社交概念，对目标用户的黏性比较强，因为曾经孤独地收听电台节目的用户们，会突然觉得曾经隔住他们的墙完全被打破了，他们可以和喜欢电台和音乐的志同道合的朋友们一起畅谈交流，甚至主持人都能和他们实时互动。

（7）社交自媒体时代，公司即媒体

2015 年 11 月 16 日，"海尔"的公众号发布一篇文章《海尔订阅号面向全世界招租》：一位魔都适婚的美丽姑娘在该帖下留言找男朋友，两天后，她就成为了海尔公众号首批试用客户。

大家以为品牌公众号只是作为一个内刊杂志、一个发声渠道，层出不穷地进行有奖转发活动，把公众号当成一个手机上的广告牌，海尔公众号标榜"这里不生产冰箱空调洗衣机，这里有的是我们要给你的陪伴感"。

微信号菜单栏"淘淘宝"面向社会开放，把产品和用户直接连接起来。海尔的文案也变了画风，还以为进了杜蕾斯的公众号，甚至戏言一顿西红柿炒鸡蛋就能包养海尔。那就奇怪了，海尔跟广告自媒体抢饭勺，图的到底是什么？

未来没有什么不是媒体，也没有什么不是广告。一切产业皆媒体，一切内容皆广告。品牌对能够带来流量的媒体或者具有媒体属性的服务，一直是一种合作关系。有没有什么方法能够让品牌不再对媒体属性做过多的依赖呢？很简单：让自己具有媒体属性。

> **凯文观点**：内容制作、搜索优化和社交媒体不是独立的，它是品牌各部门的必备技能，是每个人的工作。

绪论 2

# 互联网引爆的前提

概述：在当今竞争激烈的市场，如果不能通过界定目标消费群而深度洞察客户需求，不能做好产品定位而打造有竞争力的产品，不能采取正确的产品宣传策略塑造品牌形象及其核心价值，那么品牌可能连躺尸的地方都没有。

# 01
# 深度洞察市场需求，打造品牌核心竞争力

通过市场调查，为品牌核心价值提炼提供依据，找到市场的空白点，竞争对手的软肋，在此基础上，为品牌核心价值提炼提供方向。

## 1. 提炼品牌核心价值的原则

（1）高度的差异化

开阔思路、发挥创造性思维，提炼个性化品牌核心价值。提炼品牌核心价值的首要原则是高度的差异化。在生活多姿多彩的当今社会，消费需求越来越趋向个性化，没有一个品牌可以成为"万金油"，对所有的消费者都产生吸引力，一个品牌的核心价值如果能触动一个细分消费群就已经很了不起。

寻找差异化核心价值的主要方法：

①扩展核心价值，挖掘提炼的视角。

在提炼核心价值时，由于都习惯于盯着功能型的理性价值，而在产品同质化的时代，在理性层面很难挖掘差异，再加上消费者在消费的过程中，越来越关注情感和心灵的满足。感性价值包括了情感型价值和自我表达型

价值,许多品牌即使从自我表达型利益出发,往往也是十分雷同地聚焦在财富、地位、社会阶层等概念。实际上,消费者价值观、生活态度、审美情趣都可以成为提炼自我表达型核心价值的源泉。

②深刻洞察消费者的内心世界。

在扩展了核心价值提炼的维度后,用心去洞察消费者的内心世界。洞察消费者的内心世界,不能闭门造车,要通过调查获得启发。提炼差异化核心价值最有效的方法是市场调查,当然,有必要指出的是,竞争品牌率先提出的核心价值,如果确实对消费者很有感染力但还没有传播给消费者被消费者记住,那么,我们完全可以去抢占这一定位。

(2)富有感染力,深深触动消费者的内心世界

一个品牌具有了触动消费者的内心世界的核心价值,就能引发消费者共鸣,花较少的广告传播费用也能使消费者认同和喜欢上品牌。

力士香皂一直在锲而不舍地树立"滋润,国际巨星之选"的品牌核心价值,并力图赋予品牌"高贵、豪华"的气质。然而中国香皂的第一品牌是舒肤佳,舒肤佳市场占有率达41.95%,比位居亚军的力士高出14个百分点,有36.80%的消费者把舒肤佳作为消费首选品牌。

舒肤佳以中华医学会推荐、实验证明等方式论证人体身上经常会有细菌,如踢球、挤车都会感染细菌,舒肤佳这是在进行消费者教育来引导除菌香皂市场的扩大。

舒肤佳与力士的核心价值都十分清晰,舒肤佳是"除菌",而力士的品牌管理者为力士规划了"滋润、高贵"。一块香皂诉求高贵有些不着边际,反倒是舒肤佳广告里的除菌效果对老百姓很有吸引力。

提炼一个能触动消费者内心世界,诉求力与感召力高于竞争品牌的核心价值是何等重要。一个有感染力与诉求力的核心价值,关键在于真正洞察消费者的内心世界,满足消费者未满足的需求。

(3)具备广阔的包容力

预埋品牌延伸管线、提高品牌扩张能力;品牌延伸能否成功的关键是

核心价值是否包容新产品。

核心价值要有包容力，就意味着核心价值是品牌麾下所有产品的共性之一，所以不可以是某一具体产品功能利益点或属性。如果企业想通过品牌延伸加速扩张，那么即使品牌核心价值强调的是功能性利益，也不宜针对某一具体产品，而应在所有将来要生产的产品的共性的基础上进行宣传，比如海尔的核心价值并不是针对冰箱、空调等具体产品的优点，海尔树立的"科技领先、人性化与个性化的功能"适用大多数电器。

（4）有利于获得较高溢价

品牌的溢价能力是指同样的或类似的产品能比竞争品牌卖出更高价格。品牌核心价值对品牌的溢价能力有直接而重大的影响。一个高溢价能力的品牌核心价值与品牌识别有如下特点：

①功能性利益有明显优于竞争者的地方，如技术上的领先乃至垄断、原料的精挑细选、原产地，就像五粮液酒窖始于明代。

②在情感型与自我表达型利益方面要突出"豪华、经典、时尚、优雅、活力"等特点。

## 2. 提炼品牌核心价值的维度

（1）找准品牌所要面对的用户

清楚品牌所要沟通的对象，找准目标用户对于品牌核心价值的提炼至关重要。因为品牌核心价值不但要聚焦资源，还要能够触动消费者的购买神经，只有这样的品牌核心价值既能着眼当前销售，又能实现品牌资产的积累。

（2）准确了解目标用户的需求

要清楚哪一个因素是用户关注的焦点，需要注意的是，在调查过程中一定要注意用户需求的两个层次：显性需求和隐性需求。

通常而言，显性需求比较容易识别，可是隐性需求则比较难于辨认，但是在客户决策时却是隐性需求起决定作用，因为隐性需求才是客户需求的本质所在。

举个简单的例子，客户说，只要产品质量好，价格无所谓。在这句话里边，如果真的理解成"我提供的产品质量是最好的，价位高些他也能接受"就不对了。其实，在这句话里包含了他的两个需求，即显性需求是说品质要有保障，而隐性需求则是要求物美价廉。

（3）研究竞争对手的资源优势及核心诉求

研究竞争对手，首先要确定研究对象，一般要通观行业，确定自己的品牌在行业内处于什么位置，依据自己的状况，找到哪些竞争品牌是自己最大的竞争对象，哪些竞争对手是自己追求的目标。

同时，要特别研究行业的黑马，研究黑马型品牌可以更清楚地了解行业发展趋势，可以找到行业瓶颈，还可以帮助品牌找到行业突破口。

> **凯文观点**：最好的品牌核心价值是能够激发消费者内心本就存在的、没有被唤醒的潜在价值。

## 3. 颠覆传统思维，开创新价值

2008年7月，以剿杀恶意软件起家的360安全卫士正式推出杀毒软件并宣布永远免费时，曾遭到传统杀毒厂商的普遍质疑。质疑的理由自然是基于传统的商业模式——"如果完全免费，那么公司靠什么来生存？如果公司自己都无法生存，怎么保护用户的权益？"

免费更加利于推广，有了用户就可以赚钱。比如通过360的推广广告，以及软件管家的下载来获得利润。又比如360导航和360搜索，就是以免费来获得大量的用户。

奇虎360的业务模式为Freemium，即Free（免费）+Premium（增值服务）。免费的安全和杀毒服务是推广手段，用来培养用户忠诚度，在此基础上不断推出互联网增值类服务。

有了流量后，变现的方式有四种：一、当用户打开 360 浏览器后，会看到 360 导航页（首页），首页上每个位置都有广告；二、360 浏览器上会有搜索框，当用户在搜索框中搜索，360 就可以从搜索引擎处分成；三、提供由第三方开发的网络游戏，即网页游戏联合运营业务，如偷菜等游戏，收入可与游戏方分账；四、提供产品入口（如 360 软件管家），收取软件推广费等。

> **凯文观点：** 通过竞争分析，找准市场需求，有需求就有市场，满足需求就成功了。

### 4. 创新产品形态，打造好武器

产品是用来解决用户的问题，创新是从未有人这样解决同样的问题，更高层次是从未有人来解决这个问题，产品创新的价值是解决用户已存在以及潜在的问题，创造新的商业价值。

美国汽车行业从 1895 年第一辆福特车下线，到现在超过百年历史，美国汽车行业制造商超过 250 家，在高度同质化竞争的成熟产业中如何实现颠覆式创新？

传统汽车里面占非常大空间的是发动机，它的传动系统、变速箱、冷却系统，把车的前端塞得很满。而特斯拉的设计是，没有传统的传动设备。特斯拉的主体部分是电池，底部是高密度铝合金的支架，电池分装在里面。轮子就是马达，马达的尺寸基本也不超过一个西瓜大小，这样整个车有巨大的空间。对于一辆常规车，发动机占整车成本的 20%，而这个成本特斯拉下降很大。

特斯拉的渠道包括两个部分，体验店和网络直销。和苹果的概念一样，你可以到一个体验店去看去摸去感知，而这个体验店里面销售人员不会给你推销某一款产品，而是让你更好地体验这款产品，不会做任何推销，你可以在网络上下单，之后会直接从厂家送过来。

特斯拉另外一个非常重要的模式就是购买模式。特斯拉的购买是预订的模式，甚至先要预订几年才能收到货，它的预订模式和传统模式正好是相反的。

通过这个模式，特斯拉创造了大量的现金流，三年期间接受两万辆车的预订，预订金是 10 亿美元左右，这个现金流对它的研发提供强了有力的支撑。足以支撑他们对新车型的研发，因为开发一个新车型是非常昂贵的，一般都是在 10 亿美元以上。

> **凯文观点**：关于创新，一类是革新升级，获得更强的市场竞争力；另一类是创造颠覆，产生一个新的市场空间。

## 5. 用户参与让产品更加极致

产品是用来解决用户的问题，满足用户需求的，没有任何人比用户更了解自己。传统企业都有用户试用这一环节，互联网、社交网络可以让用户参与到整个产品的开发中，帮助品牌打造更好的产品，又兼顾了广告推广、口碑建立。

一支设计团队坐下来讨论为一家新客户所设计的应用的第一轮模型情况，随着团队成员不断提出想法，发现大家对于这个应用是什么、其功能应该是什么有着截然不同的看法。后来，会议迅速变成了"谁对谁错"而不是"什么对什么错"的争论。大家纷纷为自己的设计辩护，但没有一个人站在用户角度说话。

一名前 Windows 团队的工程师吐槽：开发者根本没有工夫去咨询用户。而内部员工成为用户的代表，而他们的想法往往过于理想化。以至于到正式发布时，最终的产品已与最初构想大相径庭。在 Windows10 的研发过程中，WindowsInsider 项目成为微软工程师和消费者沟通的重要桥梁，通过 200 万用户的投票和互动来为未来的系统更迭和软件升级提供明确的方向。Win10 发布两个月之后用户突破 1 亿大关，轻松击败苹果 OS X 系统。

做产品一定要抓住硬需求，做到用户不用你的产品他就觉得浑身难受。在研发中，通过市场调查，用理性的思维去设计产品，除了让用户参与之外，品牌在研发一款产品，以及后期推广时要不断地提醒自己以下几个问题：

（1）是否找准了产品的切入点

切入点的目的就是为了给用户一个使用的理由，而且这一个理由必须是强需求，不用你这个东西，他很不爽，这就是切入点——一个可以让用户非用你不可的理由。这个切入点还必须是有市场规模的，市场不足够养活你的产品或者公司，那这样的切入点就可以考虑放弃。

（2）是否已经深入挖掘切入点

当我们发现一个切入点的时候，就要去尝试着梳理我们的逻辑思维。切入点的需求是如何被满足的？你的产品究竟是如何去满足这些需求的？你的产品如何设计得让用户用得爽了？你的功能要做到什么程度？用什么样的方法去解决呢？

（3）用户如何知晓并且使用这个产品

你的功能都做出来了，产品也有了，你是用什么方法让用户知道的呢？这里涉及很多营销的知识，比如打车应用是通过的士司机地推的方式。你是用什么方式让别人知道你的产品并且选择购买的？

（4）用户如何实现自增长

好的产品有着强大的自增长能力，比如 FB、微信、微博，如果一个产品的运营成本过高，自增长能力差，那也是比较有风险的。互联网的产品自增长的渠道要比传统产品多得多，一般的产品只能通过口碑营销，但是互联网的产品除此之外各种层出不穷的推广方式都兼容，所以在产品设计的时候，就要考虑到这个产品是如何自增长的，是否可以设置一些简单有趣的功能促进？或者利用一些社交网站的 API。

> **凯文观点：**成功就是针对客户需求的某一点，集中资源将这一个需求点做深、做透。

# 02
# 塑造内在文化，讲个好故事

人人都爱讲故事，故事是品牌、产品的联想、体验、记忆。故事就是传播力，故事是最有效的沟通和广告。讲一个好的故事，让别人记住你。

## 1. 好的品牌都会讲故事

现今社会的每个人都是通过情感交流在做生意。因此，对于很多品牌来说，潜意识地进行品牌植入，讲令人信服的故事往往是他们的开场白，是促成销售的最好方式。

最省钱的营销就是讲好品牌故事。New Balance 讲了一个李宗盛《致匠心》的故事，使其品牌格调又陡然升了一截；褚橙讲了一个褚时健老当益壮的故事，就将其他千千万万的橙子甩下不知几条街。

营销的本质，就是把自己用别人喜闻乐见的方式表达出来、传播出去，激发受众的阅读兴趣，搭建品牌和客户之间桥梁的关键。

时间限制慢慢被打破，故事永不过期。在报纸上发布的广告，今天看完明天扔掉，一个月左右可能就消失在这个世界上了。但是，一张放在互联网上的童年照，到你满头白发的时候也不会变成发黄的老照片。这个时间上的优势，可以让品牌一步步在网上构建自己的故事，可以让故事承前启后，而且故事越积越多，最后累积起来的厚度就是一种内容资产，这些资产可以换来品牌曝光、信任度和忠诚度。

三位丝毫没有制造经验的爸爸，为了孩子能够呼吸到洁净的空气，决心做一台空气净化器。他们不但做成了，还拿到了 1000 万美元的投资。

2014 年 2 月的一个雾霾天，戴赛鹰、陈海滨、宋亚南聚在北京一间餐厅，聊着聊着谈起了孩子。宋亚南虽然年纪最小，但已有了一对儿女，尽管细心看护，但宝宝们出生后竟反复得了几次呼吸道疾病，令宋心疼不已。

那段日子，连续几日的空气质量超标，把空气污染问题一度推到舆论的风口浪尖，人们纷纷戴口罩出行，或是选择宅在家里。但一项研究表明，室内空气的污染程度要比室外空气严重 2 ~ 5 倍，而儿童和婴儿在室内停留的时间比其他人群要长，他们呼吸更快、运动量更多，且身体小、鼻腔短、鼻毛少，对空气污染的阻隔能力还不到成人的四分之一。

当时，陈海滨的小儿子即将出世，戴赛鹰妻子的预产期是 7 月底。望着窗外久久不散的雾霾，三位爸爸/准爸爸在饭桌开始研究怎么买最好的空气净化器。光自己研究不行，还得咨询专家，于是三人又找到了具有空气净化行业背景的李洪毅。

花大价钱买来一万多的净化器，竟然不是最好的，还要让宝宝脆弱的身体继续忍受恶劣的空气。但很快，一个大胆的想法在三人讨论中萌生出来：既然市面上没有，那为什么不能为孩子做这么一台全球最好的空气净化器呢？

在电影《钢的琴》中，爸爸为了实现女儿的音乐梦想，在破败的厂房中，凭借一本俄国文献，和朋友们用钢铁打造出一架真正的"钢琴"。如今，有三位丝毫没有制造经验的爸爸，为了自己的孩子和更多的孩子能够呼吸到洁净的空气，决心做一台空气净化器。要做净化器，就一定把潜在伤害的可能性都降到最低，并且各方面指标都超过现有的机器。"这就像是雷军当初做小米手机，不仅跑分跑到最高，还把性价比做到极限。而且，我们要有比罗永浩工匠精神还认真的'爸爸精神'，除了产品漂亮，还把爱注入产品里，能让自己的孩子敢用，让家人感到自豪。"

"但我们相信，好产品自己会说话。更何况，我们做的是这样一件极致、充满爱的产品。"几位爸爸们规划，未来把"三个爸爸"品牌打响后，还会继续深入智能家居领域，做出更多有爱的产品。

> **凯文观点**：将一个品牌通过一个故事附上文化，并霸占这一文化，品牌将更深刻，也无法被取代。

## 2. 怎样去讲一个出色的品牌故事

品牌故事是消费者和品牌之间的"情感"切入，赋予品牌精神内涵和灵性，使消费者受到感染或冲击，全力激发消费者的潜在购买意识，并使消费者愿意"从一而终"。

编写故事的方法很多，通常可以细分为12种品牌故事编写法，品牌要结合自身的发展实际和环境要求，选择适合自身的编写故事方法，然后经过润色，再借助必要的手段，让故事绘声绘色，能打动人，让故事成为品牌的宣传员。

以下是12种品牌故事编写法：

品牌起源法、人物传奇法、知名产地法、原料神话法、技术配方法、比拟象征法、历史传承法、地方风情法、挑战强者法、市场战绩法、行业地位法、品牌声望法。

在写之前，我们首先要去了解品牌故事对于品牌的意义是什么，从"是什么"（what）到"意味着什么"（so what）。在你的故事里，你不仅仅要告诉别人你的品牌能做什么，重要的是你的品牌能为别人做什么。

为了能够更好地写出属于自己的故事，回答下面这几个问题，然后讨论一下这些问题要素是如何相互影响的，最终为你的品牌描绘出一幅完整的宏伟蓝图。

你的公司是做什么的?

你为什么要创建这么一家公司?

人们为什么要去访问你公司?

你的客户是谁?

你想让谁成为自己的客户?

当提到你的公司时,客户会联想到什么?

他们会怎么谈论你的公司?

客户想到你的公司时,他们会有什么样的情绪感受?

为什么人们要选择你的公司,而不是你的竞争对手?

如果你的品牌是一个人,你会如何形容他?

当人们访问你的公司时,你希望给他们的感受是什么?

你能用三到五个词来描述一下自己的公司吗?

品牌故事切入点:

(1)品类的历史和故事

品牌虽然是新品牌,但你卖的商品不一定是全新的(如果是全新也有切入点),所以这个商品的品类一定是有历史和故事可讲的。比如你做的是茶叶品牌,那么你就可以从茶的品种历史作为切入点,也可以从茶的产品作为切入点。如果你卖的是不具备历史底蕴的东西,比如是童装,那么你也可以从童装的一个小故事作为切入,比如父母和孩子关于衣服的一个感人小故事等。但不管是历史或是故事,即便不是100%真实,在你去加工和创作的时候,也要遵循真实性的原则,保证情感的真实性。

(2)创始人的创业故事

既然是个新品牌,那么其实没有必要一定把创始人编得有多么传奇,而是可以通过创始人的创业经历,表现出他是多么热爱这个品牌和行业,多么希望通过自己的努力,用自己的品牌和产品改变人们的生活,带给消费者幸福和快乐。比如红星美凯龙的老板如何从一个小木匠学徒变成一个家居行业领航者的故事。

（3）品牌态度

很多人觉得对于一个新品牌来讲，谈品牌态度，谈人生哲学似乎有点不切实际。问题往往在于谈的态度跟品牌没有挂钩，不是从品牌实际出发的，不具备关联性，所以会觉得假大空。如果品牌故事讲品牌态度，那么前提是这个品牌确实在产品设计、功能、包装、销售环节、传播……所有的范围都是有着同样的态度，而不是一个跟别人没什么区别的品牌；那样你的品牌故事大可以放心地去谈品牌态度，谈品牌哲学。

（4）市场潜在需求

有些创新的品牌，他们的产品是发现了市场上目前的产品不能满足消费者越来越细分的需求，品牌是应时而生的，所以可以从这种市场需求去谈起。比如一家提供西餐食材的电商品牌，他们发现很多人想在家做西餐给朋友或是家人，但在购买食材和搭配上面是非常麻烦的事情，所以他们针对这样的需求，提供了相应的服务。那么品牌故事可以从那些有需求的场景切入。

（5）LOGO符号或品牌名

LOGO符号或是品牌名也是很好的切入点，因为一个好的LOGO或命名，一定也蕴含着一个好故事。比如一个钻石的品牌故事，它的LOGO里面有一片叶子，这个叶子是从一个神话中发展来的，那么品牌故事就可以从这个神话说起。

（6）当地文化

一些地域性的品牌，可以从当地的风土人情、文化特征作为切入。这样的品牌故事对于本地人来讲会有认同感和共鸣，对于外地人来说，会觉得好奇，并觉得这个品牌是有文化内涵的。这种品牌故事非常多，食品、茶、瓷器，甚至是饭店……

当然，上面只是列举一些切入方向，现在找到了切入点，在写的时候需要有一个清晰的思路再开始码字，在这里，有一些在品牌故事中可以借鉴的逻辑和脉络。

起承转合，不管是品牌故事，还是软文，或是平面广告中的bodycopy，都可以从这个最基础的逻辑去写。

起：起的部分一定要吸引消费者的兴趣，如果开头就很无聊，或是看起来跟消费者生活没有关系，他们就不会读下去，那么后面你写得再好也没有用。所以起的部分一定要抓住消费者的心，知道他们的需求，知道他们目前面临的难题，知道他们正在为什么苦恼或是对什么感兴趣。从这点引入，吸引他们读下去。

承：承的部分就要顺理成章地引到故事，那么就是故事主要部分，谈历史、谈传奇、谈风土人情，总之是很有趣很吸引人的故事，向读者娓娓道来，让他们继续读下去，并被故事的情感所打动。

转：转的部分就是要引出品牌。从前面的故事引出为什么会有这个品牌的诞生，这个品牌有什么特点，能解决什么样的问题，等等。当然这一部分不能突然变得很广告，也要保持和前面一致的调性，或是文化感十足的半文言，或是时尚感十足的美文，或是酷劲十足的年轻流行语。

合：合的部分回到开头提出的问题，告诉这样的品牌刚好满足了消费者的期待，给他们带来他们向往已久的生活方式。

> **凯文观点**：每个品牌都是独一无二的，从不同的角度挖掘品牌的独特之处，就不会跟其他品牌混淆。

### 3. 互联网＋下的品牌故事

互联网时代，一切都将被重新造就。随着以手机和平板为代表的移动互联网的普及，使信息获取成本降低，获取速度提升。互联网时代塑造品牌形象的最好方式就是讲好品牌故事。

互联网思维下品牌故事的构建。

（1）利用大众的力量，用户参与构建故事

互联网的用户思维，就是让消费者充分参与到产品的价值创造中，把产品变为他们的"孩子"，小米就是如此实践的。

叙述故事作为一种群体性体验，所以编造故事也应该是一种群体性体验。编造一个独特故事，最好的办法就是通过一种交互式媒介，寻求一种学习方式，能够与形形色色的人群进行交流和双向对话，从互联网社群、交流中获得足够的实时反馈信息，和消费者一起构筑一个期望中的品牌。

（2）互联网生态中做"个性女神"，以核心价值吸引用户

企业要成为自媒体，以自己鲜明的个性和价值观发声，吸引感兴趣的群体。虽然个性化的风险会丧失很多不喜欢你的客户，但企业没有必要赢得所有人的心，互联网是较为典型的长尾经济，那些长尾人群，他们虽然单个消费能力不强，但通过互联网聚集起来，就会有强大的影响力和消费力。罗辑思维是一个典型的例子，跳脱了传统的复杂的媒体机构，倡导"有料、有种、有趣"。罗振宇说："只要有100万个衣食父母就足以养活我们，我们只吸引对我们感兴趣的人。"

（3）品牌故事构建上应用迭代思维

互联网思维最重要的一个思维——迭代思维。它是针对用户的反馈意见，以最快的速度进行调整，并融合到新的产品和服务中。一个好的故事应根据时代的变更与时俱进地更新自己的品牌故事，以求不与现实社会、生活相脱节。

品牌故事的外化应时时根植于现实社会的土壤，以寻求不断改变生长。聚美优品则是紧紧抓住当前的社会现象，并从年轻人的奋斗遭遇中汲取素材。"做最漂亮的自己，相信我们，相信聚美。我是陈欧，我为自己代言。"

（4）积极的价值观，让用户成为英雄

过去，受众面对他们消费的媒体时别无选择，那时的做法就是把受众视如危难中的少女，由充当英雄的品牌借神奇的解决方案前来拯救。如今

最令人信服的故事就是把受众视如英雄。耐克激励人们勇敢面对生活的挑战、苹果的"不同凡想"、雅诗兰黛品牌故事的主题是"美丽是一种态度"，这些品牌并未畅谈自己有多么出色，而是谈论它们的受众有多么出色。这激发了人们的积极性。这背后的实质是，捍卫更大的真理，并授权于目标受众，让他们视自己为英雄。

（5）利用新媒体和多种媒介，全方位一体化传播

互联网生态是一个巨大的用户生态系统，当用户游走于不同的传播渠道，都要保证品牌的信息可接受性。新时代，企业应转向以网络技术为基础平台，打造以消费者为核心，以新媒体为中心的，包括传统媒体的全方位信息传播系统，实践中可使用互联网娱乐短片、社区话题、新兴微电影并配合其他文化传播渠道，诸如影视、戏剧、图书、展会等多种形式，与消费者保持良好的互动，建立持久的品牌影响力。

## 4. 好的产品都有故事

"维吉达尼"是维语"良心"的意思。2011 年，在喀什援疆的四个年轻人萌发了利用互联网帮助他们熟悉的几家维吾尔农户销售天然农产品的想法。两年过去了，维吉达尼变成了一个在互联网上小有名气的品牌，建立了两家工商注册的品牌和一家农民专业合作社。现在，维吉达尼在新疆有大约 500 家合作农户，从互联网上重复购买的客户约 3 万人，农民和农产品消费者之间成为了一个温暖的社群。

无论在维吉达尼的淘宝店铺、微博还是微信，创业者都希望把农户的故事融入至产品中。每个产品蕴含着一个故事，而不是只有吃到嘴里的香甜味道。从开始售卖维吉达尼的产品时，创业者就认为，随着播种结出来的果实，还有一个个真实、生动的故事。顾客吃维吉达尼的良心食品，除了获得口福，还能了解到在远方，有这么一群农民的故事，理解维吉达尼的价值理念。维吉达尼从一开始就为合作农户建立详尽的农户档案，并且将农户档案和农户故事写成不同角度的微博。2012 年 7 月，喀什兰干乡和

阿克陶巴仁乡合作农户的杏子成熟，几千公斤的杏干制作完毕。杏干在内地的知名度并不高，维吉达尼以农户实名只做了几条微博，在老榕的转发助力下，同时得到姚晨、周鸿祎等名人微博转发，刚刚成立的维吉达尼知名度迅速提升。

功能性依附 + 情感性依附 = 获得长期用户。怎么获得长期用户？过去，消费者买枣子、杏仁等土特产，从商贩或商店里买了就完了，除了"等价交换"的商业行为，没有任何的连接点，更别提温情。

但是，维吉达尼的案例及淘宝上那些卖土特产成功的案例展现了：将产品故事化，可以让产品生产者和购买者形成一个有着共同价值观、有温情的社区。他们不再仅仅是"买卖关系"，而是一种情感上的互助、共鸣关系。为什么要"产品故事化"？就是要形成这样一个温情的社区，获得有着强黏性的长期用户。

挤在互联网风口的企业越来越多，但真正能借这股东风飞起来的品牌屈指可数，大多都沦为了炮灰。其实，关键在于两点：有没有好的故事可以讲，和有没有讲好故事的本事。

> **凯文观点**：带着"故事感"设计产品，而不是先出来产品再附上故事。否则，这样的故事要么前后矛盾，要么牵强附会，无法打动人心。

## 5.如何去讲一个出众的产品故事

你首先要做的是了解你的用户，知道他们的习性喜好，这样才可以量身定制地讲故事。在用户面前不用装清高，放下身段投其所好，好故事不如合适的故事。

不要把卖故事当作是一种忽悠。带着故事感去设计产品，"当你卖的商品正是人们想要的，这显然更容易推销给他们"。故事要具备"直抵人心"的要素。

（1）心中有用户画像

明白这个故事写给谁看？即使你是写给普罗大众看的，也要想想普罗大众的"大众口味"是什么。比如：川菜的大众口味就是麻＋辣，你只有辣，没有麻，就不是川菜的"大众口味"。同样，如果这个故事是以"感人"为主旋律，但没有任何泪点，就是失败的。

心里装着用户，最根本的目的是产生共鸣。有共鸣才有认同。让人们在产品的故事里看到他们"自己"。看到了"自己"的什么？可以是似曾相识的经历，或一种情愫、一种情怀，或是一股急需的正能量。

（2）故事有利益点

比如维吉达尼农产品，故事传达了两个和顾客切身相关的"利益点"：A. 这些农产品是天然的，是放心可靠的，没有食品安全的忧患；B. 我购买这些农产品，也是在帮助新疆的农民们，比如让他们有钱供子女读书。如果用户读了你的产品故事，没有觉得任何"利己性"，那绝对是个失败的故事。于是乎，无论什么"情怀"，也是毫无意义的。

（3）原汁原味

千万不要抄袭别人的故事。就如山寨产品，只能做小妾，无法成正室。做产品首先要真诚。真诚是熬制原汁原味故事的灵丹。

（4）简洁

故事要在"有可读性"的原则下做到简洁至极。"产品故事化"，不是写小说、写散文，尽情抒发。让人不费吹灰之力就能记住的故事，必定是简单的故事。简单的故事，当别人讲给你听的时候，容易听懂；当你讲给别人的时候，容易明白。简单的故事，不是让人思考了才懂，而是懂了之后会忍不住去思考回味。

怎么做到简单？以下两点比较关键：信息量小，一个故事一个主题；给信息点排序，无论你有多少个点，一定要主次分明。

（5）情感

在尊重事实的基础上，要用情感去感染他，顾客才会跟你互动。想办法把你的产品与别人的痛点痒点挂上钩。有情感的故事，要求故事要有代入感，要让别人从你的故事中看到自己。因此，故事的场景应该都是我们日常生活的场景。例如，你说贫困山区很穷别人不会产生同情，但是如果让他看到山区的一个小女孩是怎么刷牙洗脸、吃饭睡觉的，他就会心生怜悯。

（6）意外

这个世界上最有效的催眠术就是一成不变。习以为常的东西可能很有用，但绝对是左耳进右耳出。人脑天生就对各种变化十分敏感，要让观众的注意力集中，第一步就是改变。具体要怎么改变呢？下面两点比较有效。

违背常识：首先要违背常识。违反常识了，观众就会产生不解，或多或少都会有寻找答案的欲望。然后告诉别人为什么违背常识。

制造神秘：提出一些高于常识的东西，一个让人似懂非懂的东西，好像见过，又好像没见过，于是就想探个究竟。

（7）具体

当一个故事混入了太多假大空的东西，就像一杯牛奶兑了很多水，喝起来不知道是啥滋味。

不要让听故事的人轻易动用抽象思维能力，仅仅用到联想和回忆即可。比如要介绍某个新事物时，用大家熟知的旧事物进行类比，只要一联想到旧事物就明白新事物大概是什么东东了。你的故事里如果多一些感官能够直接消化的事物，那就是具体的，比如能够摸到的、闻到的、看到的、听到的，而不是各种让人皱眉头的思潮、主义、模式、战略。

（8）可信

千万不要把讲故事理解为吹牛，一旦你的故事被别人判定为吹牛，就不要指望别人再相信你了。讲故事是以事实为基础的，吹牛是脱离实际的。真实与否决定可信与否。

关于增加故事的可信度，下面两点可以参考：

有图有真相：如果说故事是陈词，那么图片就是故事的证据。没有证据，即使你长篇大论，也可能只是"单方面宣布胜利"而已。所以，能用图说明问题的，就不要多废话。

多叙述少形容：讲故事，大家关心的主要是发生了什么，而不是某样东西怎么样。比如你的产品是手工面，不要一个劲儿地形容师傅、原料怎么好，而要把手工做面的独特过程记录下来。

（9）可分享

做好了以上几点，就具备分享的基础了。只是可以添加一些便于粉丝们分享的工具，如设定些微信等的分享按钮，便于操作。

要想成为一款真正伟大的产品，不只是你的用户有多少，而是产品的知名度及口碑有多高。而要提高产品知名度和口碑，不是靠到处去演讲介绍产品功能来解决的，它必须是能口口相传且具有谈资。所以，给产品一个动人心弦的故事吧，让它像空气一样自由传播。

> **凯文观点：**故事要制造知识缺口，引起好奇心。同时谨记评论只是作料，叙述才是主食。

# 03
# 设计外在标志，留个好印象

一个品牌给人的第一印象是名称与品牌识别系统，比如
LOGO、吉祥物，就像当我们接触到陌生人首先关注的是他的外貌。

## 1. 好的品牌都容易识别

品牌识别是品牌营销者希望创造和保持的，能引起人们对品牌美好印
象的联想物。设计到位、实施科学的视觉识别系统，是传播企业经营理念、
建立企业知名度、塑造企业形象的快速便捷之路。企业通过 VI 设计，对
内可以征得员工的认同感、归属感，加强企业凝聚力；对外可以树立企业
的整体形象，资源整合，有控制地将企业的信息传达给受众，通过视觉符码，
不断地强化受众的意识，从而获得认同。

谷妈咪名称源自 GOOD MOM（好妈妈），谐音"谷妈咪"，秉承万
家粗粮谷物食品的一贯立足点，极具创意与亲和力，谷妈咪标志图形为一
个年轻的妈咪怀抱可爱宝宝，象征母子情深，关爱无限，标志以蓝色为基
调寓意谷妈咪产品科学、严谨、专业、专注。

在国内，天猫与京东的竞争被媒体用"猫狗大战"指称，马云面对腾

讯的移动支付应用大呼"杀到企鹅家里"。

引领产业潮流的互联网巨头们被一个个透着品牌文化气息的卡通吉祥物代言着，先有腾讯的企鹅、百度的熊、新浪的小浪、搜狐的小狐狸，后有天猫的黑猫、京东的钛金狗、360 的安仔、小米的米兔。

已经以及即将成为受众主力（或消费主力）的人群的信息接收类型和模式在变化，他们就是在动漫和游戏环境中成长起来的、习惯并乐于接收卡通化信息的 80 后、90 后和 00 后们。

品牌貌似抽象，但都要有具象的品牌载体来传达，让品牌文化（个性）被消费者具体感知并认可。比如蒙牛与动画片《神偷奶爸 2》合作推出"香蕉大眼萌快乐牛奶饮品"，后又花费上亿宣传费携手《里约大冒险 2》推广早餐奶。

按照品牌来设计品牌载体，为其塑造形象和性格，既可以在传统媒体广告中端庄秀丽，也可以在社交网络上插科打诨；可以由品牌自主塑造其多变的形象，也可以让用户参与塑造多种可能的形象，互动十足。

## 2. 如何给品牌起一个响亮的名称

（1）品牌命名的原则

在品牌的汪洋大海中，要想使品牌被消费者记住，首要的一点是，品牌名称应让消费者容易发音、容易理解、容易记忆、容易传播。

①简洁，名字单纯、简洁明快，易于传播。

②新颖，名称要符合时代潮流。

③独特，名称应具备独特的个性，避免与其他品牌名称混淆。

④响亮，要易于上口，难发音或音韵不好的字，都不宜作名称。

⑤亲和力强，亲和力取决于品牌名称用词的风格、特征、倾向等因素，命名时要使用和目标消费群相同的"语言"。

⑥高气魄，这是指品牌名称要有气魄、起点高、具备冲击力及浓厚的感情色彩，给人以震撼感。

（2）暗示功能属性原则

在进行品牌命名时，可以从产品的特点、功能、形态等属性来命名，这样能让消费者从它的名字一眼就看出它是什么产品。劲霸用于电池，恰当地表达了产品持久强劲的特点；固特异用于轮胎，准确地展现了产品坚固耐用的属性。它们中的一些品牌，甚至已经成为同类产品的代名词，让后来者难以下手。

（3）市场通用原则

不同国家或地区消费者因民族文化、宗教信仰、风俗习惯和语言文字等的差异，使得消费者对同一品牌名称的认知和联想是截然不同的。因此品牌名称要适应目标市场的文化价值观念。在品牌全球化的趋势下，品牌名称应具有世界性。企业应特别注意目标市场的文化、宗教、风俗习惯及语言文字等特征，以免品牌名称在消费者中产生不利的联想。

（4）与标志相配原则

品牌标志物是指品牌中无法用语言表达但可被识别的部分，当品牌名称与标志物相得益彰、相映生辉时，品牌的整体效果会更加突出。

（5）启发品牌联想原则

正如人的名字普遍带有某种寓意一样，品牌名称也应包含与产品或企业相关的寓意，让消费者能从中得到有关企业或产品的愉快联想，进而产生对品牌的认知或偏好。

（6）无歧义原则

品牌的命名可以让消费者浮想联翩，但千万不能让消费者产生歧义，和通过谐音联想歧义。例如金利来，当初取名为"金狮"，香港人发出的音是"尽输"，有些香港人和东南亚华人比较讲究吉利，所以在很长一段时间内"金狮"总是无人问津。后来，金利来掌门人曾宪梓先生分析了原因之后，就将 Goldlion 分成两部分，前部分 Gold 译为金，后部分 lion 音译为利来，取名"金利来"之后，结果情况发生截然不同变化，可以说，"金利来"能够发展到今天，取得如此辉煌的业绩，这与它美好的名称密不可分。

（7）可保护性原则

可保护性就是品牌名要能受到法律的保护原则。所以在进行品牌命名时一定要考虑两点：一是要考虑被命名的品牌是不是有侵犯其他品牌的行为，查询是否已有相同或相近的品牌被注册；二是要注意该品牌名称是否在允许注册的范围内。如"南极人"品牌就是由于缺乏保护，而被数十个厂家共用，一个厂家所投放的广告费为大家做了公共费用，非常可惜。大量厂家对同一个品牌开始了掠夺性的开发使用，使得消费者难分彼此，最后消费者把账都算到了"南极人"这个品牌上，逐渐对其失去了信任。

（8）亲和性原则

消费者为什么会喜欢你的品牌而不是其他的品牌，就是因为你的品牌有亲和力、有情感，这其中品牌名称的作用是功不可没的。因此，品牌的命名是否有亲和力是至关重要的，品牌的名称一定要兼顾到消费者的喜好，最好能让消费者从名字中就能体验到被关注和利益。如舒肤佳就让人感受到对皮肤比较舒服的感觉。

通过对市场品牌的研究，我们总结了以下八种常见的命名方法：

①地域法。就是企业产品品牌与地名联系起来，使消费者从对地域的信任，进而产生对产品的信任。飞速发展的蒙牛，就是将内蒙古的简称"蒙"字，作为企业品牌的要素，消费者只要看到"蒙"字，就会联想起风吹草低见牛羊的壮观景象，进而对蒙牛产品产生信赖。

②目标法。就是将品牌与目标客户联系起来，进而使目标客户产生认同感。"太太口服液"是太太药业生产的女性补血口服液，消费者一看到该品牌，就知道这是专为已婚妇女设计的营养补品。

③人名法。就是将名人、明星或企业首创人的名字作为产品品牌，充分利用名人的价值，促进消费者认同产品。如"李宁"牌，就是体操王子李宁利用自己的体育明星效应，创造了一个中国体育用品的名牌。

④中外法。就是运用中文和字母两者结合来为品牌命名，使消费者对产品增加"洋"感受，进而促进产品销售。"雅戈尔"品牌就是用英文

YOUNGER 音译作为品牌，此外还有宝马（BMW）汽车、潘婷（PANTEN）洗发液等。还有音译和意译相结合的品牌命名，如：可口可乐（COCA COLA）、百事可乐（PEPSI）等等。运用中外法，要巧妙结合，切忌为洋而洋，或为中而中，尤其是防止乱用"洋名"，使消费者产生厌倦，甚至产生反作用。

⑤数字法。就是用数字来为品牌命名，借用人们对数字的联想效应，促进品牌的特色。如"三九药业"的品牌含义就是："999"健康长久、事业恒久、友谊永久。"7-11"便利店则是用自己从 1946 年推出的深受消费者欢迎的早 7 点到晚 11 点开店时间的服务特色命名的。

⑥功效法。就是用产品功效为品牌命名，使消费者能够通过品牌对产品功效产生认同。如"飘柔"洗发水，以产品致力于让使用者拥有飘逸柔顺的秀发而命名。运用功效法命名品牌，可以使消费者看到品牌名称，就联想起产品的功能与效果。

⑦价值法。就是把企业追求的价值进行提炼，来为品牌命名，使消费者看到产品品牌，就能感受到企业的价值观念。如："兴业"银行，就体现了"兴盛事业"的价值追求。

⑧形象法。就是运用动物、植物和自然景观来为品牌命名。如"七匹狼"服装，给人以狂放、勇猛的感受，还有"大红鹰""熊猫""美洲豹""牡丹"等。运用形象法命名品牌，借助动植物的形象，可以使人产生联想与亲切的感受，提升认知速度。

### 3. 互联网行业有"逼格"的品牌命名

在互联网时代你取了个好名字，做了件有情怀的事情，就让粉丝去传播吧，那种力量有多大，你懂的。怎么取一个有逼格的名字？逼格嘛，首先要有格调，善于发挥自己的内涵，来获取别人的充分认可。一个有逼格的产品名可以分为六个层级。

（1）口语化，接地气

一个好的名字首先要读起来顺，比如：房多多、滴滴打车、人人猎头，大量运用叠字，读起来朗朗上口。

"神马搜索"这个名字大家肯定不陌生，是阿里和 UC 前段时间推出的移动搜索引擎品牌。这名字的由来是希望用户在搜索的时候想"神马"就用"神马"，不过名字绕口不说，强烈的乡村非主流气息环绕其间挥之不去。

（2）名字即服务

听到这名字就能猜出它是干什么的，比如麦包包，这里就是卖包包的；易到用车，很容易就能叫到车。名字和服务关联性高，用户需要这项服务时很自然就会想到该产品。

（3）辨识度高，传播不易变形

名字是一个符号，如果在人的记忆库里，这个词很容易滑落到另一个词组里面或模糊不清，那这个符号就很失败。

（4）follow 目标用户的调性

同样是问答社区，它不是百度知道，它起了个文绉绉的名字叫"知乎"，前者止于答案，后者始于对问题的探索，目标用户偏高端，这个名字和他目标用户的调性是吻合的。

同样以经期助手为切入点的一款产品，"大姨吗"简单粗暴，年轻的女孩子，她们不说"大姨妈"，说"那个"，她们不叫"卫生巾"叫"面包"，她们会在意一个词从口里吐出时的音调。现在两个产品都在做社区，你觉得女孩子更愿意说"我在玩大姨吗，天天泡在大姨吗上"，还是"我在美柚，来看看我的'她她圈'"？

（5）人物化

一个产品人物化，在市场中就形象化了，变得有温度感。

雕爷的烤串叫"薛蟠烤串"，烤串本是街头大俗之物，雕爷说要做出大雅，使之代表中华烧烤最高水平。薛蟠何许人也？宝钗的哥哥，《红楼梦》中第一酒色财气之徒，"大俗大雅，大雅大俗"，暗合雕爷这烤串的调性，故名"薛蟠烤串"。

（6）有故事，有情怀

锤子。有这个名字的时候，老罗的手机八字还没一撇，源头可以追溯到跟方舟子的骂战，跟西门子的维权。后来老罗有了数量众多的粉丝，在粉丝心目中有了一个确定的形象。锤子是一个好名字吗？锤子不是一个好名字吗？那都不重要了，它一开始就有故事，成了老罗的一个符号，有了情怀。不管老罗做的是手机、电饭煲还是 BP 机，那也都不重要了。粉丝对老罗说：你只管认真，我们管你赢。多温暖的画面啊。

## 4. 如何设计一款好的 LOGO

一个玻璃立方体上只有一个硕大 LOGO，连名称都没有，那就是苹果纽约第五大道旗舰店。通过一个 LOGO 就可以认出一个品牌。

苹果最初的 LOGO 实际上是由苹果联合创始人罗固定·韦恩（Ronald Wayne）1976 年设计，这个设计是维多利亚时代的木雕刻，牛顿在树下认真地读书，一个尚未克服重力的苹果挂在他头上。寓意一种永远在奇怪领域中游荡的意识。

显然最初的苹果 LOGO 设计并没有达到乔布斯的预期。所以，乔布斯又另请罗勃·简诺夫（Rob Janoff）重新设计了第二代彩虹条带的苹果 LOGO。

彩色体现当时苹果的色彩能力，被咬掉一口的苹果造型很特别，容易区分。

在后续的苹果 LOGO 标志设计中，从苹果的 LOGO 发展图中我们会看到黑色版、红色版、银色版等变化，这些变化的发生都是意味着苹果核心产品的变革。

"企鹅"已经成为了"腾讯"的代名词。其实最早的时候 QQ 的 LOGO 是一个小寻呼机，想体现一个网络寻呼的概念。QQ 里有好友发消息时的"嘀嘀"声也是马化腾从当时的 BP 机上录下来的。后来他们觉得给 QQ 赋予一个动物的形象可能会更容易让人感受到亲近，于是选择了企鹅和其他的一些图案，放在网上让网友一起投票。最终大家选出了企鹅，这也是因为它代表了勇气、团结和爱的体现。

360 公司是中国领先的互联网安全软件与互联网服务公司，标志以圆为核心元素，通过饱满立体的造型传达 360 全面、周到、圆满的品牌诉求。标志上下两部分的弧形，分别代表品牌和用户，体现了 360 与用户之间相互沟通、相生相融的紧密关系；"+"直指 360 互联网安全专家的身份，表现了 360 对为用户构筑安全、可靠的虚拟网络生活环境的决心。

LOGO 设计是非常耗时的，要表达设计理念，有很多元素需要考虑，比如：颜色、字体、平衡、象征性，等等。

（1）调查研究

首先，需要一些背景研究，去研究一下竞争对手，看看他们的品牌塑造是怎样的，看看他们是采用了什么样的设计风格，看他们 LOGO 的优点与缺点。用竞争对手的案例来做灵感和启发，然后还要对自己进行一些研究，研究经营模式，研究产品。发现一些非常有趣的细节，有时可以把这些融入到 LOGO 设计中。

（2）想出一些创意点

当我们完成了调查研究，掌握了大量的资料，对于我们将要创造的作品有了初步的印象后，我们就可以开始通过头脑风暴，产生创意。

拿出一张白纸，然后在左边的纵列罗列出 LOGO 设计的一些元素、组件。然后在右面把你关于每一个元素的创意尽情地刻画出来。概念性、象征性、实用性、创新性，全部都把它们放在右面。

（3）选择 LOGO 的种类

创意有了，我们该确定要做什么类型的 LOGO。这里有 3 种基本的 LOGO 类型，解说型、图标型和字体型。

解说型 LOGO，这种类型的 LOGO 一般复杂、图形化，因此并不适合于用作公司性质的 LOGO，因为太复杂的图像要考虑到比例缩小时的显示效果。

图标型 LOGO，一般包括了象征性的图标和文本。这种 LOGO 通常都非常具有力量感，能吸引用户聚焦于文字，呈递出一种独一无二的视觉效果。而且该类 LOGO 用途广泛，单单就用图标也能起到很好的效果。

文字型 LOGO，传统、简单，但是非常依赖字体的设计与风格，一般都是粗体。一般应用于保守、传统的行业，比如金融和法律。

（4）先从黑白草图开始

现在我们开始画草图，白纸黑字。如果一款 LOGO 能在黑白颜色下也很漂亮，在各种比例下也能保持美观，而且适用于明信片、邮票、网络、公文多种媒介，那么就算是成功了。LOGO 并不需要特效、光感、渐变来打造美，有时通常需要避开那些特效，让 LOGO 具有简洁美感。

（5）字体

字体的选择也是 LOGO 设计的重点之一，成败的关键。每一款字体都有自己的独特之处，要确保字体的特性和品牌的风格、理念相符。千万别在 LOGO 设计中使用太多种类的字体，那样会造成非常复杂的效果，而且观感也非常不平衡，一两种字体就够了。如果你想要确保你的字体独一无二，那么你可以自己设计一种，或者根据现有的字体进行改造。

（6）确定整体色系

颜色也是 LOGO 组合元素中颇为重要的一点，因为 LOGO 能够迅速地通过颜色转换为观看者的情感。我们的想法会受到颜色潜意识的影响，因此我们要利用颜色心理学来确切地打造 LOGO。当我们在选择色系的时候，应该考虑到不同颜色对应的意义。

比如：黑色代表严肃、强壮、经典；蓝色代表安全、力量、成功；绿色代表新鲜、简洁。

（7）组织到一起

所有的元素准备完毕，开始相对简单但又复杂的部分，将元素组织在一起。要确保采用矢量图，这样缩放不会丢失质量。要确保整体画面的平衡感,否则让人感觉字体与图像分离。换个角度看看 LOGO 效果会不会变差，会不会有些别样的效果？反复检查后，这款 LOGO 你觉得可以符合你的审美标准，那么就保存下来。

## 5. 如何设计品牌吉祥物

吉祥物是企业良好的识别形象，有亲和力的、具备特殊精神内涵的事物，是以富于拟人化的象征手法且夸张的表现形式来吸引消费者注意、塑造企业形象的一种具象化图形的造型符号。

熊本熊是日本熊本县的官方萌物，它是 2011 年日本吉祥物票选活动第一名，被评为日本最有名的熊。2011 年 9 月 29 日担任熊本县临时职员，2011 年 9 月 30 日开始担任熊本县营业部部长兼幸福部长，也是日本第一位吉祥物公务员。在日本各地甚至远赴海外出席宣传活动。由于减肥失败于 2015 年一度被降职至代理营业部长。

推出不到三年，其认知度已经是全日本第一，甚至超越了米奇老鼠及凯蒂猫。

熊本熊摇摇晃晃的招牌舞蹈上传到社交网站上以后，吸引了 200 多万次点击。熊本熊为连许多日本民众都对它没有印象的熊本县带来 12 亿美元的经济效益，包括观光和产品销售，相当于 9000 万美元广告宣传的效果。

起初设计它是为了迎接九州新干线通车和增加熊本县的人气。新干线是日本人出行的重要交通工具之一，新干线通车，对地理位置有些尴尬的熊本县的意义是"百年一次的机会"。

打造一个熊本熊这样的吉祥物，比修路要便宜多了。

比起品牌标志或是商品名，品牌吉祥物更能惹人注意，特别是对于文化程度不高或者文字沟通有障碍的人来说，也很容易形成对品牌的深刻印象。而对于跨国界的、文字无法沟通的全球化推广，品牌吉祥物更能得到广泛的理解。

（1）强烈、统一的品牌印象

标志具有建立品牌和商品的标签性认知的作用，具有法律地位，不能被卡通吉祥物所代替，所以可以把卡通吉祥物作为品牌 VI 中标志的补充。但标志的商业宣传功能，解释品牌与商品之间的关系，以及引起消费者强烈关注的使命，完全可以由卡通吉祥物来完成。

广告宣传的根本目的是引起消费者的注意并最终引发消费。在广告宣传当中如果只有商品名和标志的话，未免太过普通，很难引起消费者的共鸣。人们第一眼所见的印象如果足够强烈并能留下记忆的话，那么在它再次出现时，会加深原有的记忆。所以视觉形象不仅仅注重吸引第一眼，还要注重形象的前后一贯性，只有这样才能明确地加强人们过去的记忆。卡通吉祥物恰恰具有这样的功能，它不仅仅能吸引人的注意，而且保持一贯性，能在受众头脑中逐渐形成品牌和产品特征性的印象。

（2）广泛的亲切感

卡通吉祥物，具有其他形象所不易有的悦目感、趣味感、活泼感、明朗感，特别是它们常常带有幼稚可爱的形象和率直稚拙的气质，具有一种不可抗拒的亲切感。对于以女性和孩子为消费对象的品牌、商品，采用卡通吉祥物往往能获得较高的认知度。

（3）统一持久性

VI 用专用字体、标志、专用色彩代表品牌的统一性。卡通吉祥物同样联结企业、商品、宣传、推广、服务等各个环节。受众接触卡通吉祥物就如同接触整个品牌的整体结构，而在品牌内部，吉祥物就如同是一个维系全体人员及所有环节的纽带，起到一个品牌精神的作用，能对 BI——行为识别在品牌中推行起到作用。

百威克莱兹代尔马是世界上最高大雄壮的马种，成年后身高可达 1.8 米左右，最高可达近 2 米。它外形俊美，脚掌巨大。全身大部分毛色为栗色、深棕色或黑色，只有小腿的毛色是雪白的。它走路时威风凛凛，并带有高抬腿动作。20 世纪 30 年代，百威克莱兹代尔马首次在公开场合亮相，为庆祝美国禁酒令解除，将解禁后的首批啤酒从百威圣路易斯酿酒厂送往美国白宫。此后，它于 1949 年和 1993 年出现在哈利·杜鲁门和比尔·

克林顿的庆祝总统就职典礼游行上，还数次见证了美国超级碗年度总冠军的诞生。逐渐地，百威克莱兹代尔马成为美国人民心目中的欢庆象征，被誉为全球欢庆使者。

设计品牌吉祥物的要点如下：

①吉祥物设计要汇聚自身的品牌形象。品牌吉祥物是品牌的图腾，是品牌的化身、象征，因此，吉祥物要体现品牌本身的理念和精髓，不但要"形似"，也要"神似"。

②要做到新颖、独特和简洁。品牌吉祥物只有新颖、独特和简洁，才能脱颖而出，赶上潮流，富有魅力，引人入胜。

③力求美观大方。品牌吉祥物只有拥有美感，才能让受众百看不厌，过目不忘。通过对品牌吉祥物的热爱，进而爱屋及乌，产生对品牌及其产品的喜爱，而绝不能让受众反感吉祥物，以致反感品牌。

④体现品牌的定位。品牌的吉祥物一定要体现品牌的定位和个性，与品牌整体融为一体，绝不可背离品牌的定位和个性，以免破坏品牌的形象和基础。

⑤要富有寓意。吉祥物要有一定的寓意，让消费者能从中得到愉快的联想，且想象空间要大，切不可让消费者产生消极的、误导性的品牌联想。

⑥易于和品牌其他元素搭配。品牌吉祥物的创建要与品牌其他元素进行搭配，以求达到品牌的整体传播效果，并能有效地整合传播，促进产品销售。其他元素包括：名称、标志、包装、标志物、周围环境。

⑦应活泼，充满趣味。一个活泼有趣的吉祥物对于品牌创建与发展起着不可估量的作用。由于吉祥物具有很强的可塑性、创造性，可以根据需要设计不同的表情、不同的姿势、不同的动作，使之更富有弹性、生动性，以达到过目不忘的效果。

凯文观点：如果说品牌识别系统是您的脸，让人记住您，那吉祥物则是您的双手，让您紧紧握着别人，与人产生情感。

## 6. 产品包装是传播的媒介

产品包装具有运输物流、品牌识别、消费体验的作用，更是品牌传播推广的媒介；打铁还需自身硬，要想将产品引爆，产品本身的质量、外在包装设计都是很重要的。

在市场上，几乎任何一个产品都离不开包装，任何一个产品都需要通过包装来把自己的好处和优势传递给顾客。因此，很多品牌在产品包装上所下的功夫，不比在产品质量上所下的功夫少。就从包装的用料质量上来说，有些品牌的包装成本都超出了产品本身的成本，重视程度可见一斑。

农夫山泉玻璃瓶高端水产品的包装设计历时 3 年，共邀请了 3 个国家 5 家设计事务所进行创作，一共经历了 50 余稿、300 多个设计。

其实早在 2012 年 6 月，农夫山泉已经收到了中意的设计稿，但由于当时的制瓶和印刷工艺难以将其完全付诸实现。农夫山泉不愿降低要求，于是又寻觅新的设计公司。但经过两年的比较，最终觉得放弃原先方案太可惜，于是重新回归，并重新设计瓶型、远赴欧洲寻觅玻璃生产商，解决了工业化问题。

该款产品包装一共有 8 种样式，瓶身主图案选择了长白山特有的物种，如东北虎、中华秋沙鸭、红松，图案边写有诸如"长白山已知国家重点保护动物 58 种，东北虎属于国家一级保护动物"等文字说明，透露出浓浓的生态和人文关怀气息。

农夫山泉之前推出过运动盖包装，受到了孩子们的热烈欢迎，那句"上课的时候不要发出这种声音"的广告语令人印象深刻。

为了纪念这个充满童趣的产品，农夫山泉推出了运动盖升级版：学生天然矿泉水。为了让青少年获得更好的消费体验，农夫山泉设计了一个瓶盖，单手就能开关。瓶盖内设专利阀门，只有在受压情况下才会开启。开盖状态下，普通的侧翻、倒置都不会使水流出，非常适合孩子使用。此外，农夫山泉还邀请了英国著名插画师画了一组极富想象力的图画，表现长白山春、夏、秋、冬四个季节，整个设计充满童真，仿佛孩子们想象中的长白山自然世界。

## 7. 如何做好产品包装设计

一个好的产品包装设计必须洞察顾客的深层需求，要做到细节人性化、使用便捷化、体验仪式化。所有需要说明书的产品设计都不是好设计，这个时代已经不需要说明书了。

包装设计应从商标、图案、色彩、造型、材料等构成要素入手，包装图案中的商品图片、文字和背景的配置，必须以吸引顾客注意为中心，直接推销品牌。

一个好的产品包装，需具备以下四点：

（1）符合目标用户的消费需求

产品包装，是品牌的第一代言人。它不仅代言品牌的定位及产品属性，还代言品牌的个性和文化底蕴。一个好的产品包装，要优先解决目标用户的消费需求。

从包装设计的角度看，消费者的需求可以分为两大类：功能需求和审美需求。

功能需求，是目标顾客在搬运、携带、储存、使用，甚至在丢弃等方面所产生的需求。在这个需求上，如何提供方便很重要。

宝洁公司的所有洗发水，甚至沐浴露，只要是不带挤压泵的，瓶盖头部都是平的，而本土品牌大部分包装都是尖的。

这是为什么？因为，宝洁公司更懂消费者的"心"。他们的主流消费群体绝大多数都是普通老百姓，这些群体最大的特征就是喜欢精打细算，节约意识比较强。

洗发水和沐浴露，大家都知道，比较黏稠，用到一半以上时，总感觉底部的残留倒不出来，浪费很大。如果把瓶盖设计成平的，消费者可以把它倒过来放。这样，一来方便使用，二来避免浪费，这叫"懂消费者的心"。

审美需求，则是目标用户在色彩、形状、质感等方面的感性体验，甚至包括味觉和听觉上的体验。在这个需求上，要做到恰当。

换句话说，在目标用户的审美需求上，必须要做到卖什么像什么，而且还不能落入俗套。你所设计的产品包装，即便在功能需求上再好，再人性化，也不能看上去像是过时的产品。很多年轻人都不想买自己父辈常用的品牌和产品，因为他们觉得，那是上一代的代名词。这听上去，虽然有点令人心酸，但事实上确实如此。因此，你的产品就算卖了100年，也要适时更换包装，迎合人们当下的审美需求。这也是为什么具有百年历史的可口可乐也频繁换装的原因所在。

100年来，可口可乐更换瓶子至少有9次，各种促销装更是数不胜数，几乎一年一换。我们在市场上看到"型男""闺密""高富帅""白富美"之类的网络用语包装，还看到很多"你是我最重要的决定"之类带有流行歌曲歌词的包装。

这么折腾的目的何在？就是为了讨好新生代的消费者，防止品牌老化。

（2）品牌要素完整而和谐

在包装设计上常常犯这种低级错误，试图把所有的字体都要放大，不给包装留一点点空白，全部用文字和图片塞满。这是一个糟糕的设计，甚至可以说"根本不是设计"。

一个好包装的设计要素都有哪些呢？要有以下几点：品牌LOGO、品类名称、品种名称、辅助图形、广告语、产品属性描述及相关认证等。这些要素的区分及注意事项，具体有四个方面：

①品牌名称、品类名称和品种名称的区别是什么。

品类名大于品种名。品类名是为了抢占市场用的，而品种名则是为了说明产品用的。

举个例子，大家就明白了。伊利最近推出一个新品牌叫"安慕希"，它主打的品类就是"希腊酸奶"，目前有两个品种——"原味"和"蓝莓味"。

②辅助图形和广告语的分工是什么。

　　辅助图形是什么？很多品牌对这个词汇没有概念。这里，我简单解释一下。

　　辅助图形，是品牌视觉系统中仅次于 LOGO 的图形，是把一个品牌的个性展示给用户的重要落脚点。比如，可口可乐的"飘带"图形、阿迪达斯的"三条线"图形、宝马的"双肾型进气格栅"等等。

　　辅助图形的最大用处在于，把一个品牌的个性及文化底蕴用视觉的方式表达出来。举个例子：远处开过来一辆车，我们仍然看不清 LOGO，但是只要看到"双肾型进气格栅"，我们就可以断定那辆车八成是宝马。

　　在包装设计上，辅助图形是不可缺少的设计元素。它和广告语分别承担着重要而不同的任务。广告语是为了强化品牌定位而存在的，而辅助图形是为了强化品牌个性而存在的。广告语影响用户的左脑，辅助图形影响用户的右脑，两者缺一不可。

　　而且，从实战经验的角度看，市场往往是靠右脑驱动的。因此，在产品包装上，就算遇到特殊情况，这两个元素必须要去掉一个，宁可去掉广告语，也不能去掉辅助图形。

　　我们设计产品包装的时候，一定要把辅助图形用好，通过辅助图形帮助你的包装被顾客快速识别，从而被记住。

　　③怎么描述产品属性。

　　产品属性描述，是一个包装必须要有的文字部分。包括产品简介、产品配方、产品规格、使用方法、生产标准、生产日期、储存条件、生产商信息、条形码等诸多信息。这些元素的要点是真实、有用。可以文艺，但要有度。

　　④如何利用相关认证。

　　相关认证，包括生产许可证、"ISO9001"质量体系认证等品牌认证，奥运会指定产品等权威机构认证等。

　　这种认证，有些是必须要出现在包装上的，比如"生产许可证"等；这些元素除非必须上，否则尽量不要用，毕竟包装展示面积有限。基本把握好两个原则即可：一是对提升顾客信任感有没有帮助；二是对提升顾客自豪感有没有帮助。还要清楚相关管理部门是否允许使用。

（3）要有鲜明的视觉记忆点

关于包装视觉记忆点的设计方法有很多，比如在包装的形状、规格、使用方法及材质等很多方面都可以做出"记忆点"。

①形状差异化。

产品包装的形状是可以大做文章的要素，如果设计好了，不仅可以区分品牌，还可以提升销量。

马爹利 XO，设计包装时，采用艾菲尔铁塔的造型元素，设计出一款拱形艺术瓶身，深受全球 XO 爱好者的喜爱。这是一个非常成功的形状差异化设计。这种与众不同的设计，让马爹利 XO 与其他品牌形成有效区分，更重要的是，这个瓶子让全世界更多的人认识马爹利，消费马爹利。通过多年的传播，现在这个漂亮的拱形瓶子已经成为马爹利的"视觉锤"，成为名副其实的"第一代言人"。

②功能视觉化。

如果你的产品包装由于国际标准等诸多因素限制，难以在形状上做文章，那就在"功能视觉化"上好好研究，做到有所突破，同样可以获得惊人的效果。

法国连锁超市 Intermarché 调查发现，顾客在超市购买果汁的频次越来越低，而在鲜榨果汁店购买的频次越来越高。因此，他们想出了一个"功能视觉化"的创意，挽回了这个局面。

这家超市推出了一款"即时鲜榨"的橙汁产品。为了体现果汁的新鲜程度，直接在瓶子放置品牌 LOGO 的地方贴上了果汁的榨出时间，精确到分钟。而每瓶的榨汁时间都在变化，所以它们的名字也不一样。

这瓶橙汁的逆袭，为超市增加了 25% 的来客数，也创造了单品销量最高的业绩纪录，可谓把"功能视觉化"做到了极致。

（4）把握好包装系列化的要点

一个好的品牌，无论设计出多少个包装，都要保证品牌视觉的统一性，在不同包装之间"既有区别，也有关联"，把这些包装放在一起的时候，像是"一家人"，不会造成视觉混乱。要做到这一点，我们在系列化包装设计上必须做到四个"一致性"：

① LOGO 位置的一致性。

根据不同的包装规格，LOGO 的大小可能需要按比例变化，但是需要强调的是，LOGO 的位置一定要保持高度的一致性。不能出现这个包装 LOGO 在左边，那个包装 LOGO 在右边。

②辅助图形的一致性。

比 LOGO 更难把握的是辅助图形，在这一点做到"一致性"的品牌更是凤毛麟角。多数品牌根本没有"辅助图形"的意识。

然而，当我们看到宝马车的前脸的时候，会惊奇地发现，它是把辅助图形的"一致性"做到了极致。无论是"双肾型进气格栅"，还是"四个圈日间行车灯"，在所有的车型上都做得非常一致。把辅助图形做到完全统一，通过独特的辅助图形来凸显品牌的视觉记忆点，让所有的产品包装"代言"同一个品牌个性，看似牺牲"小我"差异却成就更具魅力的"大我"。

③包装形状的一致性。

包装形状，在系列化设计中，比较容易得到延续，也比较容易做到一致性。但是，挑战在于更换包装规格或更换包装设计公司的时候。

品牌商总是希望自己的产品包装形状各异，造型多样，看上去很丰富。这是一个巨大的误区。因为，我们在前面讲到"产品包装是品牌的第一代言人"，结果，你的代言人多如牛毛，而且个性迥异的时候，消费者怎么可能第一时间能够辨认你的品牌呢？其实，说白了，品牌管理就做两件事情：左脑里做定位，右脑里做个性。如果你的定位和个性，一不突出，二不统一，消费者怎么可能看得上你的产品呢？

④标准颜色的一致性。

系列化包装，为了做到品种之间的区分，常采用更换包装颜色的方法。而且，多数品牌的市场部人员认为，这是一个区分不同产品包装的最好方法。于是，我们在超市里看到五颜六色、眼花缭乱的产品包装，使得我们难以选择。这也是诸多品牌失去视觉记忆点的重要原因。

一个品牌在不同品种之间适当用不同颜色来区分是可以的，但是所有的包装必须要在统一使用标准色的前提下用辅助色，而不能用辅助色代替标准色。比如苹果的产品包装始终都是白色简约设计。

> **凯文观点：**包装的设计要素需要和谐地"扮演"好自己的角色。如果"扮演"不好，或干脆"缺席"，你的包装就会出问题。

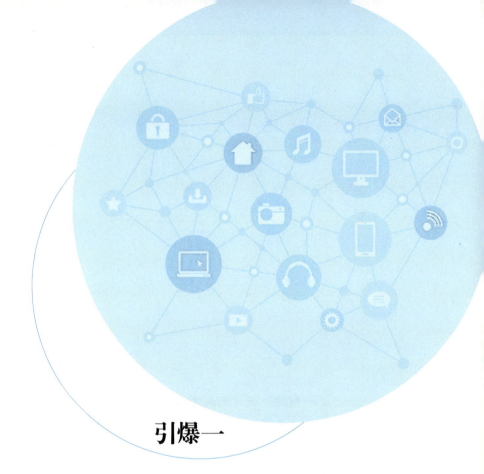

引爆一

# 做好代言　塑造形象

概述：通过利用名人、明星以及普通大众作为品牌以及产品的代言，利用优秀的产品拉拢庞大的消费者群体作为粉丝，利用粉丝相互传导的方式，可以帮助品牌达到营销目的。

# 01
## 巧借明星优势，玩转粉丝经济

　　品牌选择明星代言早已司空见惯，在社交媒体的时代又出现了很多新鲜的玩法，用得好会产生巨大的宣传效果，但是选择合适的明星并不容易。

　　历史上第一个使用明星代言的产品是哪个我们不知道，不过在当今种类繁多的商品时代，品牌选择明星代言早已司空见惯，启用"代言人"是品牌营销传播的重要一环，打开电视或者互联网，你所看到的品牌广告，几乎都和明星有关，即使不是明星也是靓丽的模特。明星代言，已经成为品牌推广和传播的重要方式。品牌利用明星的光环效应，极高的知名度，达到产品销量及品牌知名度的提升，不少互联网公司也都启用了明星代言，比如58同城邀请国内女星杨幂，"长腿欧巴"李敏镐也代言了淘宝，双方的关注度都大大提高，起到了不错的效果。

　　按照传统营销思路，蒙牛原本希望找娱乐明星做产品代言人，最早确定的人选是充满活力的音乐组合S.H.E。可惜，由于S.H.E已经代言了可口可乐，按协议，两年内不能代言其他饮料产品。与S.H.E的谈判失败后，蒙牛与"超级女声"走到了一起，"超级女声"和蒙牛酸酸乳的品牌内涵是完全一致的，都是酸酸甜甜，先酸后甜。

S.H.E的风格偏向于时尚、摇滚，人气很高但是粉丝性质单一；而张含韵的唱功不是特别突出，可她清纯、可爱、真实、天真，在超级女声中人气很旺。就是这种"乖巧的邻家女孩"的形象使张含韵变成很多女孩想"一夜成名"的偶像。虽然张含韵最后获得第三名，但20万票的短信支持率位居第一。收视率只有0.5%的2004年，20万已经相当庞大。喜欢张含韵的观众群里也有年纪偏大的，由于消费成熟理性，他们虽然喜欢张含韵，却不一定会发短信支持。这20万大多是年轻人，正是蒙牛酸酸乳的目标消费群。"酸酸甜甜就是我！"作为"蒙牛酸酸乳"的广告语，契合酸酸乳的核心思想，整个"蒙牛酸酸乳超级女声"营销传播事件是商业运营和媒体炒作结合比较完美的一次。

> **凯文观点**：并非一定要找一个超高名气的明星来代言，关键还是要考虑明星、品牌和产品的关联性。

## 1.明星代言并不是你想象的那么简单

赵本山大家都很熟悉，是个家喻户晓的大明星，风趣幽默的表演风格也很受大家喜欢，南极人保暖内衣"地球人都知道"这一广告也是很经典。那如果找他去代言科技产品会怎样呢？他去代言霸王合适吗？赵本山传达给人们的信息是什么，是一副农民形象的小品演员。而霸王一听名字就知道用成龙大哥代言更合适。

当今的市场环境下，国内各厂家的硬件与工艺水平大都处在同一水准。短时间内很难取得较大的突破，此时明星代言确实能在一定程度上"诱导"消费者进行购物。很遗憾的是，仍有很多品牌只知道找明星代言，却不知道如何找明星代言。结果，花了代言费，品牌形象却没有得到提升，产品销量没有增加。甚至，因为找到了不恰当的明星代言，反而使产品销量直线下滑。

绿箭曾经凭借强大的渠道首先进入市场，占据了大部分市场，但是随着炫迈、益达的出现，绿箭变得不符合潮流了。

炫迈请人气如日中天的李易峰作为全新代言人，李易峰身上有着韩星的气质，清新，乖萌，再加上非常讨人喜欢的性格和颜值，因此在青少年人群中的人气越来越高，青少年也是炫迈口香糖的主要目标人群。炫迈为了推介全新代言人也没有依照常态，而是提前在线上平台放出了线索，搞起了神秘，让大家猜新的代言人是谁，成功将新任代言人的话题预先炒热，并获得了持续关注。选择在线上召开发布会公布代言人，也意味着所有粉丝、路人都可以参与其中，炫迈因此进一步拉近了与目标受众的距离。

绿箭作为比较老的牌子，形象老化。品牌认知度在年轻一代的消费群体中已经不如另外两个品牌，绿箭紧急在各大电视台以及公交移动媒体投放其2014年最新广告贾玲版，这部广告宣传片用无厘头的剧情，极具夸张的人物表演，颠覆了绿箭口香糖一贯表达的"口气清新"的主题。贾玲是以演相声小品出名，在年轻人圈子中并不是十分出名，且一直是半红不紫地游走在娱乐圈，贾玲的幽默格调也没有那么年轻化，她的风格是央视的、地方卫视的，幽默形式笨拙又老套，绿箭的此次广告也许是想改风格，多一些娱乐搞笑的因素，与竞品广告区分，但是这个广告片从代言人到内容上都实在是失误。

做广告是门学问，什么时间，找什么人，在哪儿打广告，都是学问。名人做广告也有讲究。陈道明和葛优都很看重企业的品牌，陈道明喜欢做高端商务和绿色环保的广告；葛优常年为中国移动代言。这两人不但获得了丰厚的代言收入，还维持了在广告界的高端品牌形象。

近年来，很多品牌的确通过明星代言受益匪浅，但也有很多本想通过明星代言火一把，却落了个竹篮打水一场空。其实这些品牌请明星代言失败的原因也很简单，主要问题就在于以下几点：

（1）品牌请明星代言存在投机心理

认为明星代言是万能的。选择明星代言无可厚非，关键是作为品牌负责人不能有投机的心理，总想通过明星代言就可以使自己的品牌和产品一举成名，事实上明星代言只是品牌营销中的一个环节，其他环节做得不好找什么样的明星也无济于事。

2003 年 8 月，金嗓子喉宝重金请出素有"外星人"之称的罗纳尔多担任品牌形象代言人，因为皇马的行程安排得比较紧张，所以他们只好匆匆打造了一支由罗纳尔多主演的广告片。电视广告一播出，立刻在观众中引起较大反响。一开始，许多人都不相信是罗纳尔多本人，以为是模仿者或者干脆是用图片合成的结果，即便后来确认了，也很难认同。把以脚法出名的罗纳尔多与咽喉用药金嗓子扯在一起，巨大的资金投入却遭到如此"礼遇"，恐怕是品牌方之前万万没有想到的。迷信大牌明星，不去考虑明星自身的形象是否与品牌个性符合，只能是白白浪费人力、物力和财力。

（2）选择明星代言存在盲目性

多数的品牌在选择明星代言方面都是老板说了算，很多老板可能出自个人喜好，根本不考虑那么多。很多人会认为能请得起明星的品牌比较有实力，其实，选择明星代言的目的是为了提醒消费者，提高关注度，同时也是获得渠道和合作伙伴的支持，最关键的要与品牌属性相符，但很多品牌只是为了吸引人而请形象代言人。

只会选择当下人气旺的明星，这阶段哪个明星火就选择他，不管他有没有代言其他的品牌；只考虑到人气旺，知名度高，能吸引观众眼球，事实是名气大、关注度高的名人，往往会被重复利用，成为多个产品的代言人。明星第一次代言某产品时，人们的记忆度会最深，产品关联度最强；而第二个产品再利用此明星，势必要"稀释"消费者原有的记忆。因此，对那些代言了诸多品牌的明星，一定要慎重，比如之前很火的《来自星星的你》男主角金秀贤代言了 35 个广告，恒大冰泉、可口可乐、伊利优酸乳、哈根达斯、森马、三星手机、腾讯手机管家、多乐之日、奥康皮鞋，这种情况下就别再用了，用了也只是帮明星宣传，而不是明星帮助自己造势。

（3）代言人的人气地域与品牌的营销目标区域不相符合

不同类型的品牌，在选择代言人时，应首先从本品牌的营销目标区域出发来考虑。现在的市场区域化特点日益突出，不同地区的消费者消费观念、消费习惯都有很大差异。品牌在选择代言人的时候，应该因地制宜，不能搞"一刀切"。南北地区消费者对明星的喜爱有着较大差异，这和各地区的历史文化的多样性有很大关系。如在各大城市广告名人排行榜上，上海和广州把刘德华排在第一位，而在北京、大连和青岛却把葛优排在第一位。这一事实证明，明星影响虽大，但亦有其力所不及的地方。对于国际性的大品牌来说，对代言人的细分化也显得更加重要。品牌在选择代言人时，要对营销目标区域进行深入的研究，了解区域受众的生活价值观，同时也要紧跟社会风尚，分析明星的特点，找到营销目标与代言人之间的最佳结合点。

（4）品牌沦为衬托明星的绿叶，喧宾夺主

万科董事长王石可算是商界的明星了。观众看了他为摩托罗拉义务拍摄的广告之后，都被他一往直前的勇猛所感动。只可怜了摩托罗拉，自己没捞到什么好处，白白给万科做了宣传。

可见，在广告中，一定要注意明星与品牌的主次关系，避免本末倒置，将品牌广告做成明星个人秀。这样的话，受众就可能因过分关注明星而忽视品牌想要传达的产品信息。

百事可乐就精明多了，运用明星代言人是它的强项，连它的宿敌可口可乐也不得不承认这一点。百事的广告片一向以阵容豪华著称，广告宣传片中，郭富城、郑秀文、周杰伦、蔡依林、F4、陈冠希全部参加了演出。9个当红明星，够大牌了吧！但是他们化身成的武林高手，几经厮杀，最终仅仅是为了一罐百事可乐。再大牌的明星，也必须服务于品牌，如果品牌担心会被明星抢去风头的话，还是赶紧换人为妙。

> **凯文观点：** 对品牌而言，大牌明星并不具有普适性，最主要的还是要考虑品牌自身的发展阶段、软实力、品牌调性等方面，选择与自身相契合的代言人，并且提高技巧，玩好明星代言营销。

## 2. 社交网络时代明星代言新玩法

社交媒体的兴起给明星与公众的沟通互动提供了更多更全面的机会，与传统媒体广告上所表现的形象不同，明星的形象和言论通过社交媒体将直接呈现在消费者面前，也产生了一些新的代言方法。

在社交媒体的时代，明星影响力的内涵已发生了变化。通过微博等社交媒体与粉丝们主动分享私人生活与情感，塑造真实、自然和亲切的普通人形象，越来越成为明星影响力来源的重要因素之一。

社交媒体时代代言人新玩法主要有以下几种：

（1）代言人猜想悬念营销

常规品牌只会请国内知名度高的明星，拍几张代言形象照，开个发布会，花钱在娱乐新闻里通发两篇新闻稿，然后就没了。花钱不少，但是效果未必能看到。

骆驼男装在发布代言人时，先通过贝克汉姆引发大众关注，传闻骆驼户外邀请贝克汉姆做代言人，不过官方回应并非贝克汉姆，而是与一位叫"贝尔"的运动天才达成代言协议。外界开始猜测这位"贝爷"是"蝙蝠侠"克里斯蒂安·贝尔？还是皇马巨星加雷斯·贝尔？抑或《荒野求生》的贝尔·格里尔斯？

通过"四贝"将关注放大到多个领域，将事件营销、悬念营销巧妙地结合在代言人签约上，花了很少的公关费，就额外多出大量的品牌曝光。

旧时代的代言人，是用代言人的知名度来提升品牌；社会化媒体时代的代言人，是要以品牌一致的角度与消费者沟通；如何与消费者沟通是另外的学问，但代言人的选择一定能够引发核心消费群体主动沟通的意愿。

从这点说，在知名度相近的情况下，代言人需要较强的社会化媒体活跃性（消费者看代言人，是一个理想化的自己，而不是狂热的粉丝与高高在上的明星）。骆驼的两位代言人，韩寒率性表达、喜爱挑战，而且有杂志、微博等各类形式与消费者沟通。而新代言人"贝尔·格里尔斯"贝爷是在社会化媒体直播野外生存的户外达人，而且，贝爷此前没有代言过国内的品牌，第一次有国际大牌明星代言"网络诞生"，贝爷代言第一个中国品牌，都是不错的传播噱头。

骆驼如何引爆代言人营销？

①代言人猜想，吸引广泛注意。

在活动之前埋下伏笔，已经引起部分细心的粉丝注意，然后以新颖有趣的形式（比如：竞猜、投票、推荐），引发用户大量关注与参与，充分吸引粉丝们的注意，不断与用户互动，等待着爆发的时刻。

②借助粉丝团造势宣传，将品牌声音及时覆盖粉丝群体。

发布代言人人选消息，并随之放出广告内容，联合各大粉丝团发布代言信息，第一时间让品牌声音覆盖所有粉丝。

③系列活动刺激粉丝互动，让代言持续升温。

吸引明星粉丝注意力只是第一步，如果无法留住并转化为产品粉丝，最终品牌将失去明星代言所带来的粉丝红利。精心策划系列活动，刺激粉丝互动，将代言效应持续升温。

深度结合明星形象和品牌形象。在平时宣传中用文案话术引导，将明星形象和产品形象一起出现，同时使用互动活动，号召粉丝制作、上传、分享优质原创内容。

深挖明星效应，用有趣的活动形式和明星专属奖品提升粉丝黏性。互动形式多样，覆盖转评赞、图片征集、声音模仿秀、实力 PK、网友投票等各种形式，紧扣品牌主张话题使之呈现爆发式增长。

产品即媒介，将代言明星与产品功能深度结合。结合产品，选择不同的传播渠道进行内容的独家传播，提升新媒体渠道的曝光量，并增加产品的用户量。

品牌间合作互动，积极寻找与自身品牌契合度相关的品牌，策划系列品牌间的趣味活动，扩展品牌与消息的覆盖人群，提升品牌影响，产生 1+1>2 的传播效果。

④线上线下结合。举行明星代言发布会、产品发布、粉丝见面会等，将代言事件推向火爆全网的高潮。

（2）用好代言人，深挖娱乐点

选择代言人已经不是一锤子买卖，在这个追求 ROI 的时代，请代言人并不是只为平面广告拍拍照，出席个发布活动那么简单了，借势代言人的一举一动做营销是一种趋势。QQ 浏览器通过"跟峰做选择，全城拍峰峰"活动，利用李易峰粉丝互动让官方微博微信粉丝均有 20% 以上的粉丝增长量。

品牌必须学会借势代言人的力量，代言人发挥的作用往往不局限在代言活动上，而更多是在其日常的生活中。骆驼比较狡猾，花钱请了韩寒，就充分利用韩寒的资源，比如韩寒主编的《ONE 一个》、微博资源，以及赛车赛事等，骆驼尽可能地借势韩寒的自由不羁、挑战精神，去塑造品牌形象，双 11 时骆驼借势韩寒公开女儿照片大做宣传，当天为骆驼带去不少流量。

（3）代言人变身合伙人、设计师

在互联网营销的时代，明星不只是简单的代言人，更多的是参与品牌建设；邀请明星担任品牌设计师、创意总监，参与到日常的创意工作中，甚至出资入股，进入公司董事会。在国外，早已有了这方面的成功案例。在这些案例中，明星不只是简单的代言人，更多的是成为品牌成功的幕后推手。

2011 年 1 月 25 日，在英特尔的大力邀请下，"黑眼豆豆"（Black Eyed Peas）主唱正式出任英特尔创意总监，在音乐方面协助公司智能手机、平板电脑和笔记本电脑的开发工作。此外他还将发挥一技之长，为英特尔量身打造音乐，发挥音乐人的号召力。关于合作缘由，英特尔 CMO 黛布拉·康拉德说道："英特尔及其创新要紧跟全球青年文化潮流，拥抱新设备和新形式的沟通与娱乐。"  "黑眼豆豆"主唱同样觉得这将是一次不错的尝试，因为"我所做的几乎任何事都与处理器和电脑有关，而当我看到英特尔处理器的时候，我就会想到这些帮助我放大创意的极富创造力的幕后团队"。

捆绑合作能够带来互惠双赢，对于那些无力投入巨资聘请明星代言的中小品牌、新成立品牌或者陷入困境的品牌，无疑是一个不错的选择。如此一来，品牌无须支付现金即可获得明星代言，快速提升品牌知名度，还能获得明星关于品牌的看法与建议。即便得不到好的建议，也实实在在地得到了明星代言的好处。

出任品牌营销官或者创意总监职位，也对明星提出了更高的能力要求，不是谁都能胜任。邀请明星加盟，除了发挥明星"意见领袖"的作用之外，还能让明星的个人创造力以及对娱乐行业的把控经验融入到品牌宣传中来，提供一种新鲜的客户体验。

凯文观点：明星代言不是一锤子买卖，你可以花巨资请超级大牌代言，也可以找一个懂得自我营销的明星，但都需要保证持续的传播效果。

# 02
## 塑造个人形象，为自己代言

　　随着品牌的发展壮大，特别是在社会和行业中占据一定地位之后，不管我们是否愿意，品牌领导人总是会以某种形象出现在公众面前，或独特或平庸，或权威或江湖，或时尚或土气。总而言之，品牌领导人一定会呈现出一个形象来，对品牌经营而言，区别只是为品牌形象加分抑或减分罢了。

## 1.CEO 作为代言人的必要性

　　国内外很多品牌都是以创始人的名称命名，因为 CEO 是品牌最合适的代言人。

　　奢侈品牌香奈儿的创始人加布里埃·香奈儿 1883 年出生于法国的奥弗涅（Auvergne）。香奈儿一生都没有结婚，她追求自由也眷恋男人；坚强独立也有十足的女人味。

　　她本身就是女性自主生活的最佳典范，香奈尔极其反叛，她从男装上取得灵感，为女装多添上一点男儿味道，一改当年女装过分艳丽的风尚。香奈儿创造了一个属于她自己的时代。她大胆说出："戴巨大帽子还能活动吗？"就终结了巨大女帽的年代。热情自信的香奈尔女士将这股精神融入了她的每件设计，使香奈儿成为了相当具有个人风格的品牌，她个人就是品牌文化的代言。

提到维珍集团，立即会让你想到桀骜不驯的负责人理查德·布兰森，这位爱冒险的 CEO，简直是正统商业社会最大胆的反抗者。这个"坏孩子"的故事（如横渡大西洋、穿越沙漠等）不仅成为了媒体争相报道的热门话题，而且变成了维珍品牌的核心价值——挑战传统，突破自我，勇于创新。

维珍航空的 CEO 理查德·布兰森在少年时患有阅读障碍，时至今日，仍有严重的口吃，但他并没有因此减少说话，反而更加热爱起演讲及与人沟通，他甚至还是"TED 演讲人"。

聊到与用户建立情感联系，布兰森还有非常务实的一招：免费给创业者和年轻人当导师！这一招很像国内现今流行的所谓"互联网思维"，以免费的方式吸引用户，以后项服务获取价值。对此，布兰森曾说过："要增进和年轻一代的感情，方法之一就是自愿做他们的导师。很多年轻人在第一次创业时会遭遇不公，所以我们在南非和加勒比海成立了布兰森创业中心，在英国成立了 Virgin Media Pioneers。我们从其中受益颇丰，这些年轻创业者的想法独特，很有变革能力。"

有人可能会问，做这些有什么意义？怎么赚钱？实际上，答案已经在布兰森的第一句话当中，与年轻一代增强情感联系本身就是最大的价值，他们最有可能是品牌的支持者和消费者！

无论是公众还是媒体，人们需要一个活生生、有感觉、有感情，并且可以具体投射形象的品牌代言人，代表品牌对内对外从事沟通的工作。

（1）CEO 代言品牌说服力更强

CEO 与品牌之间拥有天然联系。CEO 作为公司品牌的缔造者，体现了品牌的处事风格，这样 CEO 同品牌在精神层面、价值理念等方面相统一，CEO 出任品牌代言人对品牌进行宣传推广，在与公众和消费者进行沟通时，能够将品牌文化理念与品牌的价值最有效地传达，从而使消费者接受并产生共鸣，个人形象与品牌形象高度契合，还能为产品、品牌赋予更加丰富的内涵。

（2）CEO 代言有助于建立稳定的品牌个性

消费者的情感和个性特征体现在其消费的产品上，CEO 代言时可以针对目标消费者的文化倾向，准确地分辨出他的个性特征或个性偏好，进而迅速确立产品、品牌个性类别。CEO 作为品牌的领导者能较稳定地保持品牌个性，长久以来形成的品牌个性能获得目标顾客的认可，满足目标消费者的情感需求和价值取向，赢得他们的青睐。

（3）CEO 代言更具亲切感

一个拥有人性特征的品牌会拥有更多的情感因素，这将有利于形成产品与品牌的差异化，从而进一步丰富产品内涵，拉近消费者与品牌的距离，使消费者产生某种亲切感，更加容易接受品牌的产品和服务。

消费者对 CEO 个人的喜爱会产生爱屋及乌的移情效果，增加品牌的喜好度，通过 CEO 的形象，强化产品及品牌的个性和形象。消费者会把对 CEO 的印象及情感转嫁于产品和品牌之上，把 CEO 身上的特质投射到产品和品牌上。久而久之，当品牌再次出现在消费者的脑海中时，是直接与 CEO 的形象一同出现的。

品牌领导人的形象塑造和品牌形象塑造在本质上没有什么区别，仅在表现内容上有区别而已，三个重要组成部分包括：外在形象，即领导人在视觉外观上给人的直观感受和特点；言论思想，即领导人的基本理念和观点；行为事件，即领导人的行为和做的事情等。

通俗地讲，品牌领导人外在形象包括领导人的发型、着装、神态、动作、声音等基本范畴，CEO 可以根据个人喜好、行业特点、品牌风格等进行专门的外观造型设计，以便呈现最好的一面给目标群体。

品牌领导人的言论思想，具体表现在其专业观点和生活观点两个方面，除了本行业内的技术观点外还包括一些基本的社会、生活见解，除非你的品牌面对的是极度专业的人群，否则品牌领导人的语言不宜太过深刻、概念化，需要专业的公司对其进行提炼和拔高，还可以吸取一些当下的流行词汇，使其生动易于记忆。

品牌领导的行为事件，即其做了什么事、参加了什么活动等，这个方面品牌领导人要根据品牌的核心定位、个人的风格等进行策划，在媒体上出现多少次，在哪个媒体上出现，以什么样的姿态出现，讲什么话和做什么事等都应当考虑清楚。

> **凯文观点：**CEO 作为代言人能使品牌拟人化，提高品牌的亲切度，更多地产生与消费者的共鸣。CEO 的一言一行不仅仅是个人行为，更是品牌理念的一种表现。

## 2.CEO 作为代言人的核心要点

CEO 是一个很好的品牌资产。人们最容易将 CEO 与品牌建立起一种心智关联。CEO 形象并不仅仅属于个人形象范畴，他们作为品牌人格化的代表符号备受瞩目，其形象在很大程度上已经成为品牌形象与文化的象征，甚至是标志，因此必须做到有章有法。

乔布斯为苹果注入灵魂，品牌领袖铸就了品牌文化。乔布斯是苹果的代言人和缔造者，乔布斯与《亮剑》中的李云龙很相似，有传奇的人生，有亮剑精神。李云龙把其魂魄注入了独立团，打起仗来嗷嗷叫，剑锋所指，所向披靡！

乔布斯其实就是苹果的第一大品牌。他拥有非常强大的煽动力，有着传奇故事、跌宕人生，尽管乔布斯的个人经历也很传奇，可是苹果在品牌建设上却从不直接使用他个人的品牌，而是将他的创新精神、对人性的深刻理解应用于新产品的开发，着重展现苹果产品对于消费者生活的改善。

2014 年是属于董明珠的一年，2014 年董明珠放弃成龙，亲自为格力代言。

2014 年 3 月 12 日中午，一条由董明珠、王健林联袂出镜的格力广告片亮相央视，引起坊间的热议。片中，王健林面露疑色，笑问董明珠："听说中央空调不用电费？""是的，用太阳能。"董明珠一如既往地从容、简洁地回应。王健林随即欣喜地表示"那我每年可以节约电费10亿"。一个是地产业翘楚，一个是空调业霸主，万达和格力，在各自领域均取得了旁人难以企及的高度。此次，王健林选择与董明珠共谱"棋局"，不得不说，在诸多品牌代言中，这是双方很强大的一次联手，吸引了很多眼球。从某种程度上说，王健林为格力站台，也是在表达对讲求以技术制胜，坚守工业精神的"格力模式"的认同和尊重。

（1）CEO最好要有名气

如果一个品牌本身不知名，品牌老板也不是明星CEO，这种代言的效果可想而知。为什么万科的王石会被MOTO、旅游卫视、江铃陆风汽车、中国移动、中国平安保险等大品牌相中做代言人，原因就在这里。谈起王石，就让人想起他的登山运动，想起他利用两年多的时间，成为顺利攀登世界七大洲最高峰的第四人，也是完成"7+2"（七大洲最高峰和南北两极）壮举的全球第十人。

（2）代言人背后要有故事

褚橙营销上的成功，不仅仅是销售产品，而是在于它被人赋予了褚时健大起大落的人生经历。已经75岁的褚老二次创业，他的精神状态让人们感动。《经济观察报》微博发出来10分钟后，王石就转发了这条微博，他还引用了巴顿将军的一句法：一个人的高度不在于他走得多高，而是在于他跌到谷底以后能反弹到多高。

王石周围的一些商界朋友都迅速做了一个转发，当时百度的搜索量获得了迅速的提升。在整个褚橙微博传播中有一个词被大家反复提到，就是"励志"。参与传播或者购买者，基本上是以60后为主，他们对褚老故事比较了解，会参与到整个传播中来。

（3）代言人要符合品牌形象

1986年，600元创业；1991年，成立常州红星家具城；1996年，成立中国红星家具集团；2000年，红星美凯龙国际家具广场在北京开业；2012年，红星美凯龙商户销售总额突破500亿元；2014年，红星美凯龙

20 亿元收购吉盛伟邦。一手导演这部大戏的正是被称为家居行业第一人的红星美凯龙集团董事长兼 CEO 车建新。

17 岁离开学校后，先是到一个工地给人做饭，一年后开始学做木工。到 20 岁的时候，车建新已经是 5 个徒弟的师傅了。

年轻的车建新很爱琢磨人生中的哲学问题。学手艺的时候，车建新就时时问自己：我是谁？答案是："一个好木匠！"于是，他全力以赴去做一个好木匠。

20 多年和家居打交道，他越来越意识到，不管房子有几套，家具有多贵，"居"也只是景，而"家"的核心在情。2010 年，他提出要举办"爱家日"，让大家重新来认识"家"的内涵，探讨当代家庭的情感方式和相处之道。归根结底，红星美凯龙是"以家为本"。

> **凯文观点**：对内，CEO 管理品牌；对外，品牌约束 CEO。CEO 必须时刻以品牌为先。CEO 代言不仅仅是推销产品，体现更多的是一种生活理念和价值观。

### 3. 如何玩转 CEO 代言营销

代言人对一个品牌的意义，其实早已超出了"在广告上抛头露脸"这么简单。在今天，代言人不仅要胜任传统广告，更要适应新媒体和自媒体传播。

（1）CEO 代言的微博营销

CEO 微博依靠其个人的知名度、影响力和亲和力来打造，其内容可以与公司的业务有关，也可以无关。不同的人，也应当根据自身条件选择不同的侧重内容及操作方式。

①主攻行业观点，霸占行业权威。

区别于品牌官方微博传统的宣传式营销，将话语立足于行业之上，针对行业现状、发展态势及新晋品牌等各方面发表评论，力图将自己塑造为

"行业大佬"的形象，以提升个人在行业中的"领军地位"，树立行业权威，维持"意见领袖"的地位，引导消费者将"权威效应"移情于本品牌中，推动消费者的了解及购买行为。

教主派的教主，一般是行业大佬和知名品牌主，人脉深厚，一旦有营销活动，其他门派的"盟友"都会来帮腔和助阵。这批"教主"们，已经逐步在微博上形成自己的圈子，"微力无边"。

②打造个人情怀，见缝插针做广告。

一会儿在微博上关心热点社会话题，一会儿又在微博上关心空气质量，一会儿又在微博上晒自己旅游的照片，你几乎忘了这个人的本职工作是做什么的。公知派就是打造"多样化"特色，避开品牌CEO的商业行为，塑造鲜活的"个人"形象，然后抓住某个也许是被观察、评估下的最恰当时期，以"迅雷不及掩耳之势"，出其不意地在微博上披露自己品牌的一些信息，或者是新产品的发布，或者是公司会议的实况报道、公司活动的照片分享等，见缝插针做推广，避免因为过多或直接的宣传带来的网民反感、厌恶现象。但难的是如何掌握"适度"原则。

③巧用娱乐爆点，时刻引发争议。

首先发一些"惊天地、泣鬼神"的微博，引起大家注意，通过抓住受众的好奇和围观心理，然后，逐步像剥洋葱一样，于"无形"中将受众眼球、关注力引到自己的产品和品牌上去。在这样一个"娱乐至上"的消费市场中，消费者往往并不会去关心或查证其引起话题的微博内容，他们想看到的就是几位大众熟知的名人是如何在公众的视野下应对"口水战"，他们的围观毫无疑问推动了始作俑者的人气和关注度，在微博营销中，"关注度是基础，人气是根本"，二者具备，就意味着已经成功了一半。他们也被称为"邪教派"，就是抓住受众的好奇和围观心理，于"无形"中将受众眼球成功转移到品牌上，实现借位营销。

"邪教派"的CEO他们在自己的行业中，本来也是异类，属于不合群的规则破坏者，是具有杀伤力的"独狼"。跟盟友众多的正派不同，"邪教派"一般都是孤军奋战，依靠发动群众来攻击对手，虽盟友寥寥，但跟随者甚众。与道貌岸然、谦谦有礼的正派不同，"邪教派"往往口无遮拦、不按常理出牌，然而"无形胜有形"，还经常会在和正派的论战中占据上风。

④主动放下身段，热情尽职服务。

完全放下身段，与网友打成一片，与粉丝进行互动，成为品牌最勤恳和最忠实的客服。以快书包的CEO@徐智明为例，只要你提到@快书包或者@徐智明，他都会第一时间给你打个笑脸，顿时让你有了被尊重的感觉，这样的品牌你有啥理由不关注他，又有啥理由不去关注他的产品。

CEO微博营销内容多样化，风格特色化，但无论怎样，能够充分把握住CEO微博营销的内容，结合自身个性化操作，在信息泛滥的网络上脱颖而出，对品牌来说，就是成功的外部营销。

（2）CEO代言的电视营销

陈欧，是一个创业风生水起的80后，也是懂得营销自己的CEO。

陈欧自2011年3月27日加盟天津卫视《非你莫属》，几乎每期都出现。首先，从聚美优品的消费定位来讲，网购化妆品的人群一般都不是那些不差钱的白富美，而大部分为学生、白领，以及更普通的人群。那么这些人关注的是什么呢？对，就是找工作。所以陈欧上《非你莫属》是一个很准确的选择。其次，《非你莫属》是个很有争议的职场招聘节目，几乎每期都有炒作点。电视播出之后，网络的议论非常多，就进行了二次传播。

（3）CEO代言的书籍营销

CEO出书，尤其是有着传奇经历的CEO，他们的所作所为都会被人关注，品牌运营幕后的辛酸与智慧更是被人津津乐道。国外品牌主传记类书籍的运作早有其成熟的机制，几乎每个知名大公司、大品牌主，都有记载其历程的传记作品。

一个品牌要生存和发展，不仅需要产品，更要有CEO个人品牌，以更好地提高品牌的知名度、社会声望，展示品牌精神、品牌内涵，在参与国际品牌竞争中争取最大优势。一本书就是打造品牌主个人品牌和提升名望之最优方法。

　　"新东方"创始人兼首席执行官俞敏洪，文如其人，他写过许多励志书籍，如《从容一生》《挺立在孤独、失败与屈辱的废墟上》《永不言败》等。而《在绝望中寻找希望》是他半自传心灵读本，全书分为"写给自己""写给年轻人""写给生活"三大篇章，记录了他 50 年的心路历程，展现了他生活、学习、工作的全景，以及分享了他对世界和人生的看法。全书语言朴实而真诚，饱含情感，富有哲理，读来使人奋发向上，启迪心智。

　　**凯文观点：**CEO 代言要根据个性、行业量体裁衣，发挥自身优势，处处以品牌为先。

# 03
# 用户才是王道，人人都可代言

代言分很多种，未必是要出现在街头或者电视屏幕的广告才叫代言，用户就是最好的代言人。

为何 2010 年开始，用 iPhone 的人越来越多；2012 年后，用小米的人越来越多；通过思考我们不难发现，上述这两家的共同点就在于，官方推出的广告中，都没有大众熟知的明星人物出现，更多是突出产品本身的一些特性，里面可能会有人物，但都是日常生活中类似路人甲的角色，总的来说，就是广告中出现的人物，我们都叫不上名字来。

营销的本质是用户思维，消费者选择商品的决策心理在这几十年发生了巨大的转变。用户购买一件商品，从最早的功能式消费，到后来的品牌式消费，到近年流行起来的体验式消费，小米就是"参与式消费"用户免费代言的最佳案例。

用户从来没有像今天这样聪明，因为一句精美的广告词就购买产品的时代一去不复返。在小米社区就可以看到，用户购买前会仔细阅读产品特性，搜索对比和评测，甚至连产品拆解都会阅读。每个用户都是专家，甚至比厂家还了解产品特点。

2014 年 6 月，刚成立不久的 GoPro 运动相机在纳斯达克上市，短短 4 天股价就翻了一倍，在整个相机行业集体萎靡的时代，GoPro 成为一匹黑马脱颖而出，令公众瞠目结舌。

GoPro 的创始人兼发明者是来自加州的尼古拉斯·伍德曼（Nicholas Woodman），他在创办 GoPro 之前，是个疯狂的冲浪迷。伍德曼的大学时光不是在冲浪，就是在去冲浪的路上。

GoPro 的产品显得无比超前，超广角，1080P 高清拍摄，防水，防震，防腐蚀，相机可以固定在手腕上。不仅对冲浪爱好者，对滑板、游泳等运动爱好者，GoPro 的性能都让那些发烧友无比热爱。一枚小小的 GoPro 蕴藏着巨大的能量，可以在任何场地、任何状态下记录眼前的景色。因为相机体积小，装入密封的防水盒中就能进入深达 40 米的水域工作，真的可以说是上天入地，无所不能。

> **凯文观点：**过去是品牌挑选"代言人"，而现在是品牌"被代言"。社会化媒体营销不是让你宣传自己，而是鼓动用户自发宣传。

引爆二

# 数字广告 玩转视频

概述：视频和图片在吸引消费者眼球及传播品牌方面是很重要的一个载体，如何让图片有创意、如何制作出精良的视频是一个品牌引爆很重要的因素。

# 01
# 提炼文案，传播品牌理念

　　文案就是语言文字，语言文字是人类沟通的主要方式。好的文案，和华丽是毫不相干的，更不是语不惊人誓不休。精彩的文案是应该说到了客户心里去，引起共鸣并且使他们觉得回味无穷。

## 1. 一句话记住一个品牌

　　好的 slogan（广告语），不仅可以向消费者传达产品的独特卖点，展现品牌的个性魅力，激发消费者的购买欲望，而且往往还能引起社会大众的共鸣和认同，成为跨越时空的广告语言经典，深刻影响社会价值与行为规范！

　　广告文案的作用表现在：

　　首先，广告语向消费者传达产品或品牌的核心概念。通过广告传达给消费者的就是一幅画面或一句广告语，"买这样的商品或选择这个品牌，你会得到什么独特的利益"。

　　其次，广告语还可增加产品或品牌的附加值。工厂里生产出来的是产品，而消费者体验的则是品牌。通过广告塑造品牌，由品牌在消费者心里的认知作用，可以产生附加值。全球著名体育运动休闲品牌 NIKE（耐克）的广告语"just do it"（想做就做），为消费者带来的就是美利坚民族自由不羁、坚定信念的价值观和生活态度。

无论是对人还是对企业，信念有多重要，slogan 就有多重要。一个好的 slogan，必定是基于创始人自己开创事业前的目标愿景，用流行的话说，就是"勿忘初心"。无论是做人还是做企业，我们每个人都要时刻提醒自己，"不要因为走得远，而忘了为什么出发"。

slogan 告诉你的客户，你能为他们做什么，且说到做到，说话算数。说话算数，意味着你能提供用户期待的产品或者服务。

品牌 slogan 建立，其实是一个说服的过程。先说服团队，在好的产品与服务基础上，说服你的用户，信任你的品牌。从认知到认可，再到追随。用户经过一段时期与品牌熟知后，对品牌产生信任。品牌只有在建立了与用户的信任基础后，才能进行品牌所倡导的价值观输出，而且很大可能是围绕同一种价值观的不同语言表现形式。必须紧紧围绕用户原有的对品牌的心智认知去进行价值观输出。品牌价值观输出阶段，用不同的表现形式或创意，都只是为了带给用户新鲜感，不断解读品牌，加深情感。

（1）七种常见的 slogan 写法

①独特卖点

如果品牌或产品有别人没有的独特卖点或优点，就用一句简洁口语化的短句写出来。刚开始不管多长都先写下来，再逐步删减，修到你不能再修，也足够口语化为止，一句精简漂亮的 slogan 就由你笔下生出来了。

②唯我最佳

如果产品没有非常独特鲜明的卖点及优点可以讲，也不是先发或领导品牌，在市场上和竞争对手又处于平分秋色的状态，为了壮大舍我其谁的品牌声势，可以将品牌名放到 slogan 中，用唯一选择的语气，塑造出唯我独尊的霸气。所以撰写的方式，就可运用产品品牌＋我是这个品类中最好的公式，写出唯我最佳之类型的 slogan。

例如：海尼根啤酒：行家喝啤酒，都选海尼根→无可替代的海尼根→就是要海尼根！

康宝浓汤：有康宝，谁都能煮出好喝的汤→好汤，我只选康宝→好汤在康宝。

③为你着想

无论是广告的产品有独特的卖点或卖点与你的对手同质化，你都可以先用一句话，写出这个品牌或产品对消费者的好处在那里，再去浓缩这句话；这种句型的好处是，可以拉近消费者与品牌的距离，增近消费者对你的好感度及信任度。

④使用利益

如果你做的是一个市场的领先品牌或创新产品，有你的竞争对手所比不上的优势，就直接干净利落地用一句口语短句，把消费者使用该产品后所享有的利益或好处讲清楚。更能表现出领先品牌的自信与专业。

例如：宝矿力运动饮料——解身体的渴；箭牌口香糖——让你口气清新芬芳。

⑤品牌主张

品牌和产品的卖点如果和对手大同小异，或已上市很久了，如果大家都了解这类产品优点在那里，使用利益也都雷同，那可以另辟蹊径，去设计一句能引起该阶层核心消费者内心共鸣的主张，以新的口号或话题的形式，巩固该族群对你的忠诚度，这句主张，多数是一句信心十足的肯定句，并与产品的精神主张息息相关。简单来说，先写下你对该产品想提出的主张，再从中挑出你认为最能振奋人心的一句话。

⑥博感情的口头语

有时品牌和产品想传达的不是使用利益，而是在传递这个品牌的感情、氛围、个性和好感，它没有品牌主张的放言高调，目的只想与目标消费者博感情。所以 slogan 就是配合广告情境寻找一句熟悉得不能再熟悉的生活口头语，套用在品牌身上。让消费者感受人际相处间最质朴、最自然的原汁原味，让人感觉这品牌及产品不止充满人情味，还像好朋友一样。

⑦感性温情

如果品牌和产品的使用利益与竞品大同小异，而该产品又是联络亲朋好友感情的一个媒介，那就可从情感表现切入，与纯产品利益诉求的竞品做区隔。所以 slogan 的写法，就是像在跟情人或老朋友讲话一样，根据广告情境写出一句充满感情意境的话，简单来说，产品贩卖的就是情感！

例如：雀巢咖啡——再忙也要跟你喝杯咖啡。

当然还有一些失败的，比如草珊瑚含片的广告(葛优代言的那个广告)，广告语是：嗓子干痒，得吃草；嗓子痛，还得吃草；草珊瑚含片，新款！江中牌的，含着真舒服！新款，江中牌草珊瑚含片！

人不是吃草的。虽然后面提到了草珊瑚含片，但给人的感觉是云里雾里的，不知道他在说什么。

> **凯文观点**：slogan 要将企业自身的核心竞争力，转化为可以帮用户解决具体问题的话语，即"信念可视化"。

（2）好的文案可以演绎品牌定位

也就是说产品的品牌定位是提炼好的广告语的基础和前提条件。品牌精准地定位才能够推导和提炼出好的广告口号，因为只有能够演绎产品品牌定位的广告口号才会是精准、有效的。

定位的内容包括：

卖给谁——谁来买

有什么用——用来干什么

想达到什么精神价值——消费者心中的精神享受和感觉如何

我们在这里还是举大家比较熟悉，容易理解的案例。王老吉的品牌定位是"预防上火"，由这样的产品品牌定位，推导和提炼出了好的广告口号"怕上火，喝王老吉"。

（3）好的文案可以区隔竞争对手

提炼好的广告语的另一个前提条件是通过市场细分，找出自己产品的目标市场。只有目标市场确定了才能提炼出能够区隔竞争对手的广告口号。

当年就是凭借"我们不生产水，我们是大自然的搬运工"这句经典的广告口号，成功地将自己与纯净水区隔开来，农夫山泉几乎在一夜之间成为天然瓶装水市场的第一品牌。

广告文案是为产品而写下的打动消费者内心，甚至打开消费者钱包的文字；广告文案是由标题、正文、广告词和符号组成的。它是广告内容的文字化表现。在广告设计中，文案与图案图形同等重要，图形具有前期的冲击力，广告文案具有较深的影响力。广告文案的写作要求有较强的应用写作的能力。目前广告界有广义与狭义之说。广义的广告文案是指广告作品的全部，它不仅包括语言文字部分，还包括图画等部分。狭义的广告文案仅指广告作品的语言文字部分。

（4）好的文案可以触动目标受众

在产品的品牌定位和目标市场明确后，下一步就是要界定产品的目标消费者主要是哪些消费群体。也就是说谁会是产品的核心消费群体，产品主要与谁进行沟通。

比如五谷道场方便面，它的目标受众就是不愿吃油炸方便面的人群，由此五谷道场提炼出了"非油炸，更健康"的广告口号，在竞争激烈的方便面市场可谓是横空出世。

（5）好的文案可以生动展示核心卖点

好的广告口号正是产品核心卖点的生动化。比如统一果汁饮料产品就有很多的产品利益点，但果汁饮料核心卖点就是含有丰富的维生素 C。在这个核心卖点的基础上统一果汁饮料提炼出了"多 C 多漂亮"的产品广告口号，很好地表达了果汁饮料含丰富维生素 C 这个核心卖点。

（6）好的文案可以持久拔高品牌

好的广告口号不仅能拉动产品销售，还能持久拔高品牌。如卷烟中的高端品牌红塔山，为维护其高端的品牌形象，提炼出"山高人为峰"的品牌传播口号，既进一步彰显出领导者的霸气，又起到了持久拔高红塔山品牌的功效。

> **凯文观点：** 广告文案需要让语言文字活起来，面对什么样的诉求对象，在什么情景下说什么话，怎样去说，需要经过巧妙的安排。

### 2. 好文案的特征

（1）好的文案是顺着消费者的思维思考

台湾经济发展很快，每天都有很多创富故事刺激眼球，大家都急着往上爬，工作、应酬、交际，却静不下心读书。一种很常规的营销诉求会是"追求名利太疲惫，在书里找回自己"，或是"富有的不该只是钱包，还有头脑"，类似这样的劝服。但是，台湾天下文化出版社不这样做。受众不是追求名利吗？我理解你。你做生意，免不了应酬交际，总有一些博学的人侃侃而谈，谈到生意，他们能聊国际最新的创业理念，聊到茶杯，他能说出茶叶的发展历史，他们总是充满魅力，主导话题，当然更容易赢得尊敬和订单，如果你脑袋空空，陪太子读书，岂不是难受？所以兄弟，读点书吧，别被淘汰啦。大家品味下，是这样的诉求好，还是劝服好？

我害怕阅读的人。一跟他们谈话，我就像一个透明的人，苍白的脑袋无法隐藏。

（2）好的文案说出你想要的

共谋，是指双方做一件只有你们两个才理解的事情，其他人都不懂。纸尿片最早就是靠共谋营销出去的。刚在美国销售时，广告当然是主打方便，不用像尿布那样一天洗好几回嘛！但很奇怪，广告打了，销量没见增长。于是，公司找来一群妇女做小组访谈，调查员问："纸尿片怎么样？"都答："方便。""什么情况下最常用呢？"有人想了一会儿说："婆婆不在时会用。"问："为什么？"答："因为婆婆看不惯。"原来老美的婆婆和咱们脾气很像，在很多婆婆看来，媳妇用纸尿片，那是懒惰，尿布不花钱干吗不用？多浪费钱啊！当公司发现这一点后，立刻改变了营销诉求，改成强调柔软，透气，预防小孩红PP。这下给了媳妇一个特棒的理由，我买纸尿片是为了孩子好啊！公司和媳妇共谋，瞒过婆婆，纸尿片很快迎来销售增长。

（3）好的文案说出你难以启齿的痛苦

尤其是女人。情感诉求特别容易打动女人。多芬可能是全世界最会洞察女人的品牌。Dove 找来美国罪犯肖像艺术家 Gil Zamora，在完全看不见彼此的隔离状态下，找来7位女性描述自己外形，Gil 根据描述画出画像 A。之后，找来7个陌生人，也来描述这7位女性，画出画像 B。画像 A 的描述往往很悲观，画像 B 的描述乐观得多；女人总在低估自己。为什么觉得自己丑？因为这个世界一直在售卖美丽。整形医院打双眼皮手术广告，相比之下自己的单眼皮似乎无精打采，这个世界不管女人怎么想，女人，背负了太大的压力。Dove 要送上一碗热汤，Dove 把画像交给这7位女士，打出这句广告语：你比你认为的自己要美。

（4）好的文案说出你最不爱听的

他们说："太粉了。""太粗放。""太放肆。""太浮夸。""太假。""太快。""太呆。""太娘。""太 man。""太完美。""太幼稚。""太狂热。""太懒。""太怪。""太晚。""太"字句我从小听到大，最受不了这些话从自以为是的长辈口里说出，一脸"你好幼稚，不听等着吃亏"的世故。这些"太"字辈才有能量。有个"太傻"的移动中层主管，辞掉好工作去开餐馆；还有"太执着"的职业电竞选手，25岁还在天天打游戏，但往往就是这群狂热的人，成为了各个领域的意见领袖。人生如果没有肾上腺素迸发的时刻，活着还有什么劲呢？阿迪达斯帮他们说出：太不巧，这就是我。

（5）好的文案说出你心里害怕的

台湾90年代钢琴培训学校的广告语：学钢琴的孩子不会变坏。家长或许不想叫孩子去学琴，但他肯定不希望孩子变坏。人类是一种非常害怕失去的动物。我不说买我的产品会多幸福，我告诉你不买会难过。愉景湾就是这么卖光的。愉景湾是香港大屿山的一个楼盘，像个世外桃源——里面规定不能开车，空气非常好，有海滩，有大量的绿化带，自成一景，因此吸引了很多老外入住。但由于位置很偏，升值潜力不大，对大部分争分夺秒和重视投资的香港人来说，愉景湾不是首选。大环境让营销更难做，1997年经济危机后，香港经济一直下滑，房地产交易量大幅下降，失业率7%，40 000多户人有"负资产"，人们对前景非常悲观，对楼市甚至有股恐惧感。愉景湾的销售对象是香港一家三口的中上层家庭。在这种经济形势下，诉求户型、环境、低利率都没用，消费者在等，等经济好到让他们安心。逆向思考，什么他们等不了呢？小孩，童年只有几年，过得快乐还是艰难，对一生都有很大影响。父母亲心里都知道，而且这是父母可控的。父母和小孩最密切的时间段，也只有童年。到了中学叛逆期，自然会疏离，以后会独立，开展自己的生活。父母也是这样走过来的，他们知道。所以营销的诉求点成了："童年是短暂的，现在就要给孩子最好的。"

> **凯文观点：**好的广告文案更多的是与消费者沟通，说出他们潜在的需求。

## 3. 如何提炼广告语关键词

好的文案不是靠灵机一现，而是有迹可循，它来源于对品牌、产品、消费者、文化的深度洞察与提炼。

一条好的广告传播用语应该具备以下五大标准：

符合品牌调性。

品牌调性，是基于品牌的外在表现而形成的市场印象，比如说哈根达斯体现的是爱的调性，所以其广告语是"爱她就请她吃哈根达斯"。而星巴克体现的是舒适休闲的调性，所以诉求的是星巴克时光，传递都市白领阶层的休闲。

要有策略定位。

一条好的广告语首先是建立在策略定位基础上的，这样就能够形成品牌的个性，传递品牌的核心价值和市场企图，关照到目标消费者的市场需求。并最终形成自己独特的品牌形象，与竞争对手形成差异化的表现。七喜针对碳酸饮料市场后起之秀的特点和进行差异化诉求的策略定位，提出了非可乐的广告语，从而形成了碳酸饮料的第三极力量。

具有画面感。

一条好的广告语，如果不能够做到有画面感，那么就很难用创意去实现它，这样的广告语往往不容易被消费者认同。

避免雷同。

广告语的设置应该和品牌文化、产品相契合，是独一无二的，困了累了喝红牛，是经典广告语，但是很多模仿蜂拥而上，各种累死的广告语层出不穷，提神醒脑喝乐虎，困了累了东鹏特饮等等，都是雷同的广告语。消费者很容易就把其归为低级模仿者行列，品牌要想有大的建树实在太难了。

符合广告法。

好的广告语必须基于广告法的原则，要符合相关国家的法律法规和民族文化禁忌。在中国则必须符合《广告法》，否则到市场上去了就成为了被惩罚的对象。所以再好再华丽的语言也没有用，结果是惨痛的。

提炼广告语、广告文案关键词，可以从情感诉求、功能诉求、原料诉求、历史诉求、工艺诉求、产地诉求、技术诉求、品牌基因诉求、色彩诉求、味道诉求、感觉诉求、欲望诉求等等诸多元素中进行提炼。

（1）从品牌出发

①品牌文化理念，即直接表现广告作者的理想或理念。如海尔集团的广告语："海尔，真诚到永远"——深情表达了广告主体把客户视为上帝，永远为用户负责的宗旨。

②品牌定位，即准确把握消费群体的消费心理和消费文化。

如金利来的广告语："男人的世界"——他们把自己的产品定位于成功的和有身份的男士，多年来坚持不懈，终于成为男士服装中的精品，而这句广告语则画龙点睛般地准确体现了金利来的市场定位和核心价值。

③品牌的规模实力。

如果品牌在行业具有一定的地位，也是很好的传播概念。如波斯登一直称自己"连续 N 年销量遥遥领先"。而更经典的当然还是美国那家自称第二的出租车公司："我们位居第二，所以更加努力。"独辟蹊径，从竞争角度诉求自己的地位。

④品牌历史典故。

品牌的一个典故也能成为良好的传播概念。尤其是一些历史悠久的品牌，挖掘典故进行传播是一种有效的方法。如青岛啤酒——始于 1902 年。老字号品牌一定要注意提炼自己的时间概念。而不是很老的品牌也可以提炼相对"较老的概念"，如"18 年制造经验"等也可以作为时间概念，也是对市场有效的。

⑤售后服务支持。

同样的服务，但如果有一个好的概念则能加强品牌的美好印象。比如海尔提出的"五星级服务"也为其"真诚到永远"做出不少的贡献。

（2）从产品出发

①产品的原材料。

仲景宛制药提出"药材好，药才好"的传播概念，突出了产品的原材料优势，建立起消费者对其产品的信任感。潘婷洗发水宣称成分中有 70%是用于化妆品的，让人不能不相信其对头发的营养护理功效。"鲁花"花生油说"精选山东优质大花生"等，这种地域特色强烈的产品提炼地域概念显然是很有效的方法。

②产品的外在表现。

普通的牙膏一般都是白色的，高露洁有一种三重功效的牙膏，膏体由三种颜色构成，给消费者以直观感受：白色的在洁白我的牙齿，绿色的在清新我的口气，蓝色的在清除口腔细菌。

"好电池底部有个环"，南孚电池通过"底部有个环"给消费者一个简单的辨别方法，让消费者看到那个环就联想到了高性能的电池。

③产品功能卖点。

埃斯迪特厨房用具公司的广告语："将烦琐的烹调简化到极限——只需轻轻地一按。"——只用了一个"按"字，就把微波炉化繁为简的突出特点表达得淋漓尽致。

④产品类别。

从新产品类别提出新的概念从而占领消费者心智。通过挖掘或创造某些概念，形成一种说法，引导消费者的观念。比如：好麦片，七成浮上面（皇室麦片）。

广告上的"科学派"鼻祖霍普金斯为喜立滋啤酒提炼的广告语竟然是："喜立滋啤酒是经过蒸汽消毒的！"懂得啤酒生产的人都知道，其实所有啤酒品牌的啤酒瓶都是经过蒸汽消毒的。事实是次要的，重要的是别人从来没这样说过！现在喜立滋抢先说出来了，效果不同凡响。弦外之音是，其他厂家的啤酒瓶没有经过蒸汽消毒！为此，喜立滋啤酒由原来的第5位跃升为第一品牌。

重新定义新品类概念，却让消费者感觉是一个新的选择，这时你享有的是一个品类的市场。

⑤产品价格优势。

对于一个价格上有优势的品牌来讲，小心地应用，价格也可以成为好的营销传播概念。比如，在神舟电脑的成功当中，"四千八百八,奔四扛回家"

的主题传播概念功不可没。

⑥生产技术工艺。

有的时候，一项新的技术应用在产品上后，需要用一个消费者感觉明显（但不一定懂）的概念来传达。有的时候，一个技术上的简单改进也可以成为营销者的概念利器。

同时最好以数字的形式表现，越是具体，信任感越强。如"乐百氏27层净化""总督牌香烟，有20000个滤嘴颗粒过滤"等都是该方法的应用。

（3）从消费者出发

要洞察消费者的心，要击中消费者的需求，这个需求绝不仅仅是物质的，还包括心理的、情感的甚至还包括人生价值的。

①消费者定位，直接告诉消费者自己的定位，通过诉求一些个性化的理念，体现个性，引起目标人群的关注。新一代的选择（百事可乐）、男士的选择（乔士衬衫）。

②消费感受，即从消费者的体验和利益出发，体现出对消费者的负责。如碧桂园高档社区的广告语："碧桂园，给您一个五星级的家。"

③消费者认同的社会信条，容易让消费者在认同广告语的同时，接受本品牌。比如：好东西要和好朋友分享（麦氏咖啡）、要做就做最好（步步高）等。

④心理利益，从心理上诉求产品所带来的利益，也是吸引消费者注意的一种方式。特别是同质化的产品，在难于找到产品的独特卖点时，非常有效。比如：丹麦蓝罐曲奇，送礼体面过人（丹麦蓝罐曲奇）；甜蜜如拥抱（阿尔卑斯牛奶糖）。

⑤消除消费者存在的误解，一般用于新产品，在上市之初，打消消费者原来存在的错误观念。比如：戴博士伦，舒服极了（博士伦隐形眼镜）。

（4）从文化出发

①美好祝愿式，即表达对消费者真诚的祝福与祝愿。如戴比尔斯钻石的广告语："钻石恒久远，一颗永流传。"——不仅道出了钻石的真正价

值，而且很容易使人们把钻石与爱情联系起来，表达了对爱情纯洁、久远的祝愿。

②情景画面式，即想象出一个能够产生情景交融的环境。如麦氏咖啡的广告语："滴滴香浓，意犹未尽。"

③一语双关式，即借助品牌的谐音或歧义，赋予其新的内涵。英特尔电脑的广告语："给电脑一颗奔腾的芯"——用"芯片"来寓意"心脏"，一语双关，突出了品牌。

# 02
# 数字表达，强化广告信息

数字具有拉近与消费者的距离，帮助消费者理解广告信息，增强广告的说服力等功能，在某方面给人以直观的感受，在提炼文字、广告语中要善于把不明确的文字、理念转化为更加直观、更加生活化的数字表达。

## 1. 数字在广告用语中的意义

（1）表意精确，胜于雄辩

广告语中使用数字，一个最大的特点就是通过详细准确的数据传达商品或服务信息，给受众一个非常具体的印象，把事实摆在受众的面前，使表达客观、严谨、实在，比那些空泛的"美妙无比""品质超群"之类的语言叙述更有说服力。

（2）诚恳真实，赢得信赖

广告信息是关于商品的信息，是关于商品与消费者的生活、商品与社会成员关系的信息。广告贵在诚恳真实，只有诚恳真实的广告才能赢得广告受众的好感和认同，真实是广告的生命。

一些广告主常常借助数词实事求是地坦露产品或自身的不足之处，以诚实赢得消费者的好感与信赖。美国阿维斯汽车出租公司的广告语曾被广告界推为典范，其主要原因就是广告语的诚信效应："阿维斯在租车业仅居于第二。请乘坐我们的车子吧！我们会更加努力的。"不自诩"第一"，勇于表明位居"第二"，显得既谦虚又诚恳，引起受众的赞赏是自然中事。

（3）突出特征，加深印象

广告最根本的任务就是推销商品或服务。要想让受众认可、接受广告所宣传的商品或服务，首先就要力求广告给受众留下深刻的印象。

恰当运用数词，就能够把商品或服务的某一方面特点突出出来，从而加深受众印象。

中国名酒五粮液 1997 年推出的广告语"六百岁五粮液，万世流芳"，"六百岁"表明了它悠久的历史，是该酒经久不衰的最好明证。

（4）对比醒目，形象鲜明

一种供孕妇服用的药品广告语是"一人吃二人补"（"宝纳多"），道理既简单又清楚。

"十个妈妈九个爱"，可见"孩儿面"有多好的市场，其品质自不待言。

"从 12 月 23 日起，大西洋将缩小 20%"，表明以色列航空大西洋航班开航对人们带来的生活之便利。

## 2. 数字在广告用语中的应用方法

（1）表明产品的制作工艺

劳斯莱斯在 60km/h 的时候，车内最吵闹的是石英表的声音。

苹果 12GB 记忆卡足以用来存储 6 个小时以上的电影，上千首歌曲。

特仑苏每 100 克天然优质蛋白含量比国家标准高出 13.8%。

（2）彰显产品的特色优势

OPPO 充电 5 分钟，通话 2 小时。

蒙牛特仑苏北纬 40 度，1100 米海拔无污染。

金龙鱼 1：1：1。

美的一晚低至一度电。

海天酱油、厨邦酱油天然鲜，晒足一百八十天。

谷妈咪 3:1，6:1，7:1。

（3）表现产品厚重的文化历史

品味 432 年的历史，国窖 1573。

从我的爷爷的爷爷开始，史密斯热水器

（4）突出产品的销量、行业地位

每卖出 10 台大风量吸油烟机，6 台来自老板电器。

汾酒全国销量突破 100 亿。

广告中运用数字传达产品的实际意义，艺术地反映产品的象征意义，突出产品的目标对象，用数字命名创造差异。

凯文观点：广告在运用数字时，要考虑提供的数字必须真实独特，与消费者的需求相关，并把握数字使用的技巧与时机。

# 03
# 读图时代，巧用创意图片

　　创意是设计的灵魂，在信息时代的今天，我们每天都在传播和接受着铺天盖地的信息，而图形在信息传达的过程中扮演极其重要的角色，它不分国界，不受任何语言的限制，是公认的世界语，能直观准确地传递所要表达的信息。

　　传统的品牌视觉传播，会先精心设计一张平面广告（海报），然后通过各种连锁化的媒体杂志、报纸、户外，等等，不停地复制；或者利用一条电视广告开展大规模投放。这种单向、被动接收的传播，类似工业化的流水线。图片、图像是作为广告的辅助手段，更多地把卖点都放在文案中。

　　当下，消费者已耐不下性子读一篇上百字的广告文案，甚至连超过10个字的标题都懒得读完。这是一个人比鱼注意力还差的时代，你精心编撰的内容需要在这短短的时间内吸人眼球，以免大家的注意力被其他内容转移。广告人应该思考什么样的广告更适合懒人来看，尽量用形象生动的视觉来传达信息。

　　在当下，由于人们太依赖于图像，因而在广告营销中，广告信息的传达也自然而然地依赖于图像来承载，否则为失败的广告。

现在的传播是快速的设计，"制造"一张图片，主动上传到众多新媒体开展社会化营销；或制造一个线下的视觉传达场景，吸引人们主动拍照或录视频，然后由第三方个体或平台推动社交网络分享。也就是先播下一个视觉营销的种子，然后让传播自动发生，并产生网络效应。当一张富含信息或者娱乐价值的图片上传后，随之而来的是各种圈子内的互动和交互，各种"关系"的聚合效应，会使得图片成为激发传播扩散力的原点。如果一张图片所包含的信息和发布的时机、平台结合能产生制高点效应，就将会带动内容与社交关系的双重扩散。

> **凯文观点：**越是图片的"素颜"和"快餐"时代，玩法、口味、风格就越是重要。

## 1. 图片要怎么玩得有新意

在信息化时代的今天，广告的好与坏取决于图形的创意，不仅要创造一个具有强烈感染力的视觉形象，还要实现心与心的交流与沟通。

（1）创意海报

创意海报，或是叫作噱头海报，往往表达一种强烈的视觉冲击力；或是情感态度，以此吸引网友的吸引力。当年，在加多宝和王老吉官司打得"热火朝天"之时，加多宝一系列"对不起"海报成功扭转了败诉的颓废之势。利用正话反说的形式，极具"嘲讽"意味的文案，吸引了消费者的关注。"怕上火"的加多宝却在行业中点燃了一把"道歉体"海报之火。随即小米等多个厂商纷纷模仿，推出各类道歉体海报。甚至连老冤家王老吉也跟随推出了同样模式的"没关系"海报对应。绝对是近年来创意十足的经典海报营销案例之一。

（2）图片互动

品牌应该调动起广大消费者的积极性，在与消费者的图片互动中，完成一次漂亮的营销战。在 UGC（User Generated Content，用户自产内容）环境下，人人都可成为摄影师和设计师。

苹果公司推出的 Shot on iPhone 6 活动，从社交网络挑选出用户用 iPhone 6 拍摄的精美图片，并将其中 162 张图片直接用作广告。直接以用户的摄影作品作为广告图片，对于苹果来说，大胆而又讨巧，既加大了广告的话题性与传播度，同时还切实凸显了产品的拍照功能。

（3）视频入口

视频本身的内容深度和传播效果要大于平面，但是如果没有一张有感染力的图片作为入口，也很难吸引人们点开。

视频的关注和浏览要求人们付出和投入更多的时间和精力，这在注意力碎片化时代显然更难做到。这就更需要通过平面媒体来扩大传播面和关注度。比如，明星佟大为当优步的司机，在很多移动端媒体以截图形式作为新闻出现，这个"新闻"即使没有包含视频链接，也会吸引很多人搜索视频一看究竟。此时，这个"截图"也就不仅是一张图片，也成为一个导引观看视频的入口了。

（4）图片叙事

既然读者没有时间和精力看文字，那就索性通篇都用图片，用图片完成一次华丽的叙事。明清皇帝"威武庄严"，但最近一年，故宫突然开始以"软萌贱"的形象刷了朋友圈的屏，故宫淘宝推送的每一篇几乎都是"图片叙事"。

如为了配合"奏折系列折扇"的推广，其推送了一篇名为《朕生平不负人》的文案，以大量历史、搞笑图片讲述雍正帝与年羹尧之间的小故事，直至最后售价 35 元一把的折扇堆满屏幕，也还是让人觉得趣味十足。

> **凯文观点：**平庸的图片只能做到"不就是这样嘛"，而出色的则能做到"还可以这样"。

### 2. 如何制作一张能够被广泛传播的图片

在广告设计中，好的图形可以以最简单、最清晰、最夺目的方法传递信息。用艺术表现手法将图形的创意表现出来，巧妙、艺术地将图形信息表达出来，吸引观者，实现信息传递。

在读图时代，我们进行广告创作时必须遵循一个原则：研究消费者视觉系统，投其所好。简而言之，消费者喜欢视觉刺激，我们就研究能够打动他们的视觉特点，然后展示给他们，达到以图动人的广告效果。

（1）视觉"策略化"

坚决放弃用图像来配合文案的思维，而是在进行消费者需求研究的基础上，充分用视觉来展现甚至统领营销策略，让消费者一眼就知道产品的卖点或品牌的差异化。能少用文案就少用，能不用的地方则坚决不用，增加消费者的直接认知度。当然，能够配合视觉的点睛之笔是无论如何都不能省略的。

（2）视觉"精准化"

在读图时代，消费者对视觉的创意要求更高。将视觉做到精准化，即解决五个问题：你的视觉创意想说什么内容？是不是消费者的核心需求？想说的是否和消费者需求相契合？目标人群是否能看懂你的内容？看得懂的目标人群占比是多少？

（3）"文案"视觉化

直白地讲，读图时代玩的就是视觉，所有的广告元素均归于视觉。广告文案也必须进行视觉化处理。这样的文案不仅有观赏性，还有画龙点睛的作用。这才是读图时代的文案之道。

网络上各种图片早已铺天盖地，你的图片如何对消费者一击即中：

①足够简单。

人的平均注意力只有 8 秒。平实与简单更符合读图时代的阅读速度，但这种简单更多是指逻辑层面的简单，绝不是图片质量的简单粗暴！将反射弧的时间缩短到最短，最好使眼睛与大脑在同一频率之上。如加多宝"对不起"系列海报，虽然每张不尽相同，但是每张都是一个哭泣的男孩儿，加之"对不起"三个大字，海报整体风格简洁，寓意明确。下一秒，可能就有更具吸引力的图片进入视野，所以，不会有人再听你啰唆，最好长话短说。

②要有情绪。

鲜明的态度和情绪，在嘈杂的互联网上更容易引发共鸣，也就更容易被网友广泛转发。2012年网易门户继发布"激发每个人思考，态度就在你身上"系列平面广告之后，再次以此为主题，推出了全新黑白风格的视频广告，表现形式上延续了之前的大胆风格。以超近视距的影像特写来表现存在于每个人身体上的人生态度。"扛得住压力，顶得起真相""不为博眼球，只为近人心""慎言多思"等多个态度宣言，借用刺青的形式，阐释网易"有态度"的理念，加强"更具活力、年轻、有个人观点"的品牌形象。

③超越常规。

平铺直叙、理所应当，向来都不够吸睛，很多成功的图片营销，都胜在了"不走寻常路"。小米联合创始人团队那张"致青春"版本的图片海报，把团队和电影借势结合在一起，在当时引发了广泛的关注和热议。IT创业团队与青春偶像电影，本来十分不搭，但这种违和使得海报反而富有新意，在新鲜感之后体味到的是IT创业始终不能或缺的那份青春与梦想，一个简单的移步换景使传播效果提高了一大截。

> **凯文观点：** 切记创意是工具，不是目的，准确清晰地向人表达所要表达出来的想法，能让观看者深刻地停留在脑海里的才是好的设计。

# 04
# 网络视频，玩转用户情感

视频营销即用视频来进行营销活动。视频包含：电视广告、网络视频、宣传片、微电影等各种方式。把产品或品牌信息植入到视频中，产生一种视觉冲击力和表现张力，通过观看者的力量实现自传播，达到营销产品或品牌的目的。

宝马公司曾经联合克里夫·欧文制作了系列视频短片。

8部短片分别包括，《冷血悍将》导演约翰·法兰克海默的《Ambush》《卧虎藏龙》导演李安的《Chosen》，《春光乍泄》导演王家卫的《The Follow》，《偷拐抢骗》导演盖瑞奇的《Star》，执导《爱情像母狗》的墨西哥导演伊纳瑞特的《Powder Keg》，吴宇森的《Hostage》《碟中碟3》导演乔·卡纳汉的《Ticker》，《红色风暴》导演托尼·斯科特的《Beat the devil》。而负责这一系列网络电影的执行制作，来头也不小，是导演过《搏击俱乐部》的大卫·芬奇，一样是位知名导演。

虽然导演、主题和各自表现的风格手法不同，但毕竟是BMW的广告片，8部电影里，自然少不了各式的汽车追逐场面，当然主角坐的车，全都是BMW的车子，至于影片中开着BMW名车的职业司机则是由英国男星克里·夫欧文（Clive Owen）担纲。

《The Hire》系列短片获得了空前的成功。影片上映后，各大媒体进行了铺天盖地的报道，各种好评纷至沓来，《The Hire》更是将各种奖项收入囊中。这些荣誉远远超过了宝马的预期，而《The Hire》引发的宝马购买热潮更是让宝马欣喜若狂。2001 年，宝马的年销售额与上年相比上升了 12.5 个百分点，并突破了宝马历年来最高的销售纪录。

《The Hire》系列 4 年内被观看了超过 1 亿次。直至今天，该系列的电影仍在互联网上不断地被下载和观看，成为品牌营销教材的必备案例。

视频营销即用视频来进行营销活动。视频包含：电视广告、网络视频、宣传片、微电影等各种方式。

其中微电影广告的类型大致可以分为三类：产品广告，采用各种方式介绍产品的特点和优点，利用各种内容和形式，吸引受众去购买。

品牌形象广告，广告主向受众展示自己的实力，通过同消费者进行更深层意义上的交流，力图使品牌具有较高知名度和美誉度，公益形式也较为常用。

观念广告，不是直接宣传商品，而是引导消费者改变原有的消费观念和消费方式，有助于品牌长远发展。

> **凯文观点**：好的广告是给消费者耳目一新的感觉，而不是一个小时的催眠曲。

## 1. 网络视频、微电影的作用

一个新的品牌，要使人们对它从一无所闻到妇孺皆知、名扬四海，必须有极富创意的视频辅助才行；一个老的品牌在与其他品牌竞争中不幸走下坡路时，又必须靠极富创意的视频广告来宣传其先前未曾注意的附加价值，才能重振雄风。

电视作为视频媒体却有两大难以消除的局限性：第一，受众只能是单向接受电视信息，很难深度参与；第二，电视都有着一定的严肃性和品位，受众很难按照自己的偏好来创造内容，因此电视的互动营销价值小。

"视频"与"互联网"的结合，让这种创新营销形式具备了两者的优点：它具有电视短片的种种特征，例如感染力强、形式内容多样、肆意创意等等，又具有互联网营销的优势。很多互联网营销公司都纷纷推出及重视视频营销这一服务项目，并以其创新的形式受到客户的关注。

网络视频、微电影营销具有以下明显优势：

更具吸引力。每个人都可能仅仅因为对微电影内容的好奇而播放、欣赏，而普通的品牌广告宣传片却无法吸引不相关观众的目光。

更具亲和力。普通的品牌宣传片纯粹以宣传自身为目的，容易引起观众的抵触情绪，而品牌微电影的剧情、内容更容易让人接受。

更具可看性。剧情赋予了品牌微电影更丰富的表现形式，相对于千篇一律的品牌宣传片，品牌微电影可以包含更丰富的创意元素。

更具传播力。好的微电影作品能够将品牌融于故事情节，与观众情感共鸣，因而观众的参与深度更有利于传播。

微电影的逐步兴起，对苦于找不到新营销手段的广告公司而言，也是一次重要的机遇，不仅重新打开了他们的营销创意视野，而且还让他们有了整合上游影视娱乐闲置资源的机会。

（1）好的视频营销可以成就一个品牌

"爱不停炖"之前，小熊电器的产品是普通酸奶机。2012年秋冬季节，面对着炖盅这块香饽饽，小熊电器推出了以父爱为主线的《爱不停炖》，讲述的是一位年迈老父亲中秋节历经千辛万苦，为忙于工作而中秋节无法回家的女儿送去炖好的止咳雪梨汤。国人心中最柔软的亲情瞬间被击中，不少看过微电影的用户表示被故事感动流泪。此时，策划在微博上发起的#中秋节你回家吗#话题，也顺势占据了新浪微博话题榜榜首。

《爱不停炖》播出后，视频曝光量超过1亿6000万次，优酷投放效益提升了 426%。小熊的品牌知名度明显提高。自此之后，小熊电器在消费者心目中形成了"买炖盅，到小熊看一看"的印象。

作为微时代催生的产物，微电影以互联网为传播媒介，而年轻一代正是互联网的最大受众。小熊电器通过对目标消费群的网络媒体接触点进行分析，发现以年轻一代为主的目标消费群对视频网站的接触度较高，而其中，微电影是年轻人偏好度较高的视频种类。明确了目标消费群的偏好后，小熊电器根据目标人群在社会化媒体平台的偏好和行为特征，结合传播的主题进行有针对性的传播。同时将当时人气最高的 SNS 新浪微博作为内容营销推广的主阵地，而其他的如视频网站、门户网站、新闻媒体等配合扩散，起到了很好的效果。

微电影的目标受众与小熊的消费主体之间的切合，加之切实有效的传播方式，是小熊电器微电影营销取得成功的基础。

（2）好的视频营销可以让一个品牌起死回生

六神花露水是六神系列中最受消费者喜爱的产品，也是我们 80 后，90 后几代人的童年回忆，可是六神花露水品牌形象老化，年轻受众的好感度低，如何塑造品牌的年轻化形象，提升品牌的美誉度？

2012 年六神出奇制胜地推出了主题为"六神花露水的前世今生"的 flash 视频，整个作品包含了丰富的信息，包括花露水的历史，六神品牌的信息，消费者的集体回忆，当时的网络热点，年轻消费者热衷的语言和词汇等，配以生动趣味的动画，有质感的配音和恰到好处的文案，综合了文案、音乐、动画形象、音效、配音等多种元素，成就了一部让消费者喜欢和媒体认可的叫座叫好的动画微电影。

> **凯文观点：**这是一个情感经济的时代，情感可以创造财富，也可以成就品牌。

## 2. 什么是好的网络视频、微电影

微电影结合了广告内容的精华，以其短小精悍、传播性强的优势，在互联网视频领域异军突起，占据重要地位。一部"微电影"必须具有好的故事、好的演员、好的制作水准和令人叫绝的创意，才能吸引观众，并点燃观众为其做义务推广的激情。要想保证品质，一部"微电影"的投资成本就不会太低。在创作前必须保证目的明确性。

目前，一些品牌对于微电影营销存在以下的误区：

（1）成本低，周期短

随便找个 DV 在自己办公室里让员工演一下自己想象的剧本，拍几下就认为可以火的，认为微电影成本比较低，而且制作周期比较短的，请看看成功的微电影营销。哪个不是知名导演、编剧，邀请专业演员，耗费周期制作加工出来的。网络平台上拥有海量的内容，内容为王是必要的，剧情是微电影得到受众认可的最大要素，一部成功的商业微电影必须是创意与形式的完美结合，创意上要洞悉目标受众的感性诉求，而形式上，除了精良的制作外，还要探索如何与观众进行互动。这所有的一切，都要通过剧情来实现。

后期推广传播也是需要投入的。事实上，很多品牌投资赞助微电影，都会有这样的误区，认为投资拍了微电影，怎么能再花钱去营销呢？但其实后期的营销很重要，视频网站是微电影传播的最主要平台，微电影市场产量很大，要有好营销策略才能引爆。《小时代》票房高绝不是依靠内容，营销非常重要，在内容好的基础上，微电影的制作费用与营销费用的比例最起码应该达到 1：1。借势微电影，与目标受众进行互动，同时配合 O2O 进行促销，才能将微电影的商业价值真正地挖掘出来。

我们可以看看三星如何引爆《G3 公寓》，从中得到一些启发。

2014 年 7 到 9 月，三星为了推广其 G3 系列下的 5 款手机，策划了一个以微电影为切入口的、社交平台同步的市场推广。

系列网络视频短剧及上线预热。

首先，三星推出了《G3 公寓》系列视频短剧。剧中建造 G3 公寓，根据 5 部三星手机的定位和人群特点，塑造了 5 个不同性格的时尚人士。他们分别拥有三星 G3 手机需要推广的那 5 款手机，住在一个屋檐下分别开展了 5 段精彩的故事。同时，三星为每一款手机在剧中所代表的人物创建了新浪微博，他们分别在自己的微博里演绎剧中的故事，手机的特性在微博中得到很好的诠释和展示。此外，在视频上线前进行前期预热，开展招租话题互动，公布 G3 公寓招租，实时贴出手机拍摄的公寓图片，邀请粉丝帮忙转发"房客十条"招租微博，以首位房客大优惠、男士优先等噱头，提升视频和 G3 公寓的知名度。

建立微博聚合地炒热短剧。

打造了一个"来自香港的占星师"微博，塑造了一个人气占星师 Linda，以星座为切入点，大量发布爱情、星座、性格等占卜话题微博，同时将视频中的 5 段故事呈现在她的微博中，与这几位剧中成员在微博上互动，吸引粉丝们关注。

视频炒作增加目标受众。

在微博上还做了大量的视频炒作，配合草根微博大号进行转发，形成网络热议话题，扩大视频影响，巧妙地通过塑造这 5 个不同职业、不同性格的角色来传播 5 部手机，使用户对手机的性能和外形有更直观、更立体的理解。

（2）微电影是长篇电视广告

《一触即发》动用了吴彦祖，但是，没有摆脱其属于"加长版广告片"的本质。除了帅哥、美女、豪车等，整个微电影的深度与艺术性缺失，整个影片几乎都是围绕车的功能展示进行的，不能称之为真正意义上的微电影，而只是凯迪拉克广告片的加长版，而微电影末尾，男女主角强硬说出品牌的口号更是加剧了广告意味。这种营销玩法在微电影发展初期，对观众也许还受用。而今，观众们的口味与调性早被调教得越来越挑剔，这种类似硬广的短片，在如今只能在海量的视频内容里慢慢被淹没了。

微电影去广告化并非是剥离其传播宣传属性,而是从微电影出发,在每个环节中实现产品理念的渗透,不再是将微电影视为一个独立的存在,打通其上下游,实现最大限度的外延式传播。

说起益达,笔者脑子里必然会不自觉地出现一段:"嘿,你的益达!""不,是你的益达!""你的益达"已经牢牢地停留在了笔者的脑海里,简直就是挥之不去的品牌记忆。

益达以"关爱牙齿,更关心你"为广告口号,邀请了彭于晏和桂纶镁推出了沙漠加油篇广告之后,更是续上了大型的系列广告《酸甜苦辣》。故事讲述的是沙漠加油站女工和机车骑士在旅途中的爱情和酸甜苦辣;同时益达还在新浪微博上建立益达口香糖"说不出的酸甜苦辣"活动主页,同时开设益达-酸甜苦辣官方微博,微博@益达-酸甜苦辣在广告片发布前进行曝光和预热宣传,针对首映礼进行炒作、送票活动和直播,利用明星效应,对益达品牌产品进行推广,还在微博上让用户发表自己的酸甜苦辣经历,让主题讨论更具有共鸣性。

一部优秀的微电影,不仅情节要能打动观众,同时还要让人充分感受到品牌所传达的品牌精神或产品信息,从而在艺术与广告之间实现完美的平衡。

广告主们要有这样的意识——微电影不是一部大广告,如果当作广告片来拍,再大的投入你都输了。跟传统电影营销中的 LOGO、产品植入相比,微电影营销最巧妙的植入其实是品牌理念植入。

> **凯文观点:**真正的微电影是品牌理念深度渗透、去广告化的品牌故事。微电影要注意视觉艺术与商业广告之间的平衡,品牌理念植入才是上策。

## 3. 如何引爆网络视频、微电影

既要有足够的故事情节,又要照顾到提供赞助的广告商,制作一部微电影其实并不容易。在微电影制作的同时,要做好相应的营销工作,提升微电影在公众当中的知名度，增加品牌核心影响力。

一部优秀的微电影，要具备足够的传播性和引爆点，总体而言，微电影在内容方面主要有以下四种引爆要点：

（1）剧情为王

吸引观众主动观看，借人际之间完成转发扩散，这是微电影营销的价值所在，而在用户自主选择内容的微博和视频网站上，影片内容才是打动用户的最终因素。微电影的"微"决定了它必须在短时间内，高效地吸引观众并让观众产生继续看下去的兴趣，这就对微电影的内容提出了较高的要求。内容上不仅要新鲜有趣，而且要贴近生活和社会热点话题，适当采用较为诙谐的网络语言。以内容为王，以剧情取胜，以趣味吸引，是微电影营销的关键。

台湾大众银行的广告《母亲的勇气》，就是根据真实事情改编的。一位中国台湾的母亲，首次远离家乡来到陌生国度，不会一句外语，只为能给在委内瑞拉刚生产完的女儿烹煮鸡汤。她独自搭乘飞机三天，多次转机，食不果腹，还因药材被海关误会，偏执而无畏地走完了这一段望女之路。坚韧、勇敢、爱，伟大之处就在于这是每位母亲下意识的选择。"母亲"——平凡大众中最不平凡的角色，永远不计回报，永远义无反顾。

（2）明星效应

前段时间在朋友圈里被疯狂转发的视频《致匠心》，是李宗盛为 New Balance 拍摄的一支广告。广告用交叉叙述的方式，描绘了两个不同工匠的工作场景（李宗盛制作吉他和 New Balance 的工匠制作鞋子）。通过极具感染力的文字，传达了 New Balance 的品牌理念。这支广告的成功之处在于观众丝毫感觉不到通常广告给人的做作和反感，反而会因为这些文字引发感触和思考："手艺人往往意味着：固执，缓慢，少量，劳作；但是这些背后所隐含的是：专注，技艺，对完美的追求。"

（3）话题性

支付宝为全球第一大在线支付平台，主要依附于各个购物平台、网上商城。消费者的体验就是"结账"这一两分钟的体验。支付宝为了使用效率，并无法像其他类别品牌，能在前面或后端提供更多的品牌体验，所以纵然我们有极高的知名度，却缺乏建立品牌深度的空间、时间、标记。

当黑心事件成为常态，缺乏安全感的消费心态，让当今"信任"的价值变得前所未有的珍贵。"危机信任"的社会议题，正好能彰显"支付宝，知托付"的品牌精神，这正是一个充满正面能量的传播角度。

为感染广大民众，让传播议题本身能被讨论、被转载、被传阅，支付宝持续找寻能撼动人心的当代真实故事，同时去呈现"信任"的力量与伟大，同时强化与支付宝品牌的联结度；透过网络平台与支付宝官方网站，于2011年至2013年，陆续推出"郑棒棒""啤酒哥""钥匙阿姨"等影片。

后期在支付宝十年期间又推出支付宝十年宣传片《账单日记》。

通过一个女生的视角，讲述与支付宝相伴的十年中，自己的人生经历和成长变化。画面清新唯美，背景音乐轻松舒缓，随着女生的旁白，带领观众融入剧情中。

"十年，3亿人的账单算得清，美好的改变算不清。"短片并未聚焦于支付宝十年来功能的变化或者界面的改版，而是通过一名普通白领十年的人生经历，截取毕业、工作、相亲、恋爱、怀孕等几个关键的人生片段，将其与支付宝账单联系起来，通过女生的成长过程，也侧面反映了支付宝的十年变化，让观众感觉较为亲切。

刻画出一个人的成长轨迹，最后传递出"支付宝，十年知托付"这样的主题，给人印象深刻。

（4）借势热点

没有触目惊心的特效，没有让人震惊的反转创意，也没有令人捧腹的幽默表演。只是在一个房间里面，平凡地记录了几个北漂青年给家里人打电话的对白。此片就是手机百度春运火车票营销之《过年我不回家了》的视频。

针对春节火车购票政策突变，为了推广百度抢票神器，手机百度打造了一部要让人看一眼就有抢票欲望的病毒短片。他们在这个人人想要回家看亲人的时候，打造一个上心的片子："在人人都浮躁地大喊叫卖的时候，我们安安静静地听一听，买不到火车票的人的心声。"

几个北漂青年因为种种原因没买到回家的票，决定不回家过年，却没勇气告诉家人，让他们对着镜头给家人打电话，录下了他们给家人打电话的真实过程。即使现实买不到票，家人还是努力地说："咱们再想想办法吧！""钱不重要，重要的是团圆"这种话，让无数人扎到那个想念家人的痛点！催泪酸鼻，没有起伏跌宕的生死离别、没有煽情的音乐，只有一句话："别因为一张票，让一家人的想念，再多等一年。"

影片之后，手机百度营销团队的第二步，春运攻略创意海报，制造社交话题营销：宣告手机百度携 5 大技术核心卖点正式开启春运抢票功能，以 # 春运也任性 # 作为话题进行传播，引发大量段子手、自媒体人等 KOL（关键意见领袖）进行二次传播，短期内便实现了微博转发 8795 次，# 春运也任性 # 话题阅读 2.2 亿，讨论量 1.1 万的传播效果。《过年我不回家了》视频总播放量更是突破了 1200 万，近 1000 个微信公众号自主原发，阅读量 147 万。这一系列效果还引发手机百度出票量达到 126 万张，比去年春运增长 100%；手机百度购票页面 PV1.82 亿，UV2340 万次。

第三步：制作 HTML5 活动页面，客户输入回家信息，可以生成自己的火车票，转发朋友圈，分享回家时间，设置抢票入口，可以直接购票。

第四步：每日抢票提醒贴片广告。在百度视频、爱奇艺视频前贴票，开票第一时间，提醒用户最近的购票日期，提供购买链接。总检索次数 1400 万，点击次数 106 万。

（5）表达一定的观点

宝洁通过询问不同女性在大众心目中像个女孩的表现以及在交际中一些刻意的伪装，展现社会对于女性的印象是柔弱的、扭捏的、含蓄的这一错误观点，这种隐形的社会性别歧视，对于很多 10–12 岁正寻求身份认同的青少年女孩十分不利，可以说在某种程度上埋下了"自我不认同"。然后宝洁让她们表现自己真实的行为表现，短片时长有限，却将"像女孩一样"这句话的成因和背后的意义阐述得非常到位。片子最后部分一系列重新演绎的"像女孩一样"的镜头剪辑，让人感受到女性意识的崛起，振奋人心。没错，我就是像女孩一样，因为我本来就是女孩，我做自己的女孩，而不是你们的"女孩"。

宣传中并没有提及商品，只在片尾展现 LOGO。广告传达的理念是：女性要自信、自豪，宝洁通过广告来改变大家对"像个女孩儿"的普遍看法，用"像个女孩"去形容令人惊艳的事情，而非一种羞辱，从而为女性代言，获得目标群体更大程度的认同，建立品牌忠诚度的种子。

（6）突破常规，表现个性

这不是一部微电影，却很有代表性，广告以及微电影都需要突破常规，做一支"轻狂"的广告。孙杨的赞助品牌361°作为仁川亚运会赞助级别在 1500 万美元之上的"声望品牌"，在赛前高调推出 4 支 TVC，其中孙杨用韩语隔空"约架"朴泰桓，直白挑衅，略显"轻狂"之态。作为年轻人，孙杨在 TVC 中面对他最大的竞争对手，显得底气十足自信满满，但是央视著名主持人白岩松却对这则广告表现出了明显的反感态度，并在"岩松看体坛"的专栏专门写文来批判广告主行事不妥，认为这是"没有情商"的表现。

当有记者问孙杨，是不是不应该把话说那么满时，孙杨认为，这很正常，本身自己实力也在对方之上，为什么要在气势上输给他。

从传播中，以及之前南京青奥会的广告就可以看出，361° 整体的广告风格都在转型，传递出的情绪更有棱角，通过一些有话题性，但同时也可能具有争议的举动来吸引年轻群体的关注，在这个节点，361° 显然还是希望通过一些具有关注度的东西来打开网友的话匣子。而且 361° 主打年轻人市场，孙杨本人的个性也比较强势，年轻人不嚣张叫什么年轻人。虽然这是一个传统的视频广告，可是依然适用于微电影视频营销。

好的微电影视频营销要注意"说什么"和"怎么说"的问题。

"说什么"不是一般地说该广告的品牌、质量、优点等，而是要力求说出独特的商品性格来；犹如每个人都有每个人的个性一样，产品宣传也要有自己的个性，如果你所做的广告没有充分表现自己独有的个性，便如同在夜色中航行的一只船，永远引不起人们的注意。

同时，一则视频只传播一个关键利益点；通过这个关键利益点的传播使得本产品与其他类似产品区分开来，突出该产品独有的特征。当宝洁公司发现其产品存在两个或更多利益点可以提高其销售时，宝洁公司选择在同一时期推出同一产品的传播不同利益点的两个或多个广告，分别传播同一产品的不同利益点。

"怎么说"就是要用极为简洁生动的画面和语言，构成一个使广告受众"对广告内涵产生认同与共鸣"的特定意境。即要把"商品性格"艺术化，说得妙趣横生，说得诗意盎然，令人过目难忘，令人跃跃欲试。

"视"和"听"是视频所具有的两个功能，微电影视频应当以视觉为主，主要靠画面来表现内容，"听"作为"看"的辅助手段。切莫还按照老的思维去办事，时下有些广告仍未摆脱以"听"为主的观点，没有充分发挥视频以画面为主的特长。也有人会说这是为了尽量扩大信息的传播途径，比如在商场里可能有些消费者不能或者压根没有注意到画面，最起码可以听到，如果您能够做到视觉与听觉都很吸引人最好，如果没能力做到，那最好做好画面。

> **凯文观点**：突破常规、表现观点，通过故事化、情节化的内容，全面展示品牌的内涵，与消费者进行多层面、深层次的沟通。

## 4.社交网络微电影的新玩法

视频、微电影与社交网络的结合，让微电影营销变得感染力更强、形式内容多样，玩法不断在升级，稍不留神一松懈，品牌就会比别人显得老套。

（1）互动式微电影，开放式结局

开放式结局是一种剧作手法，它以前有，现在有，未来也会有。开放式结局有助于观众的思考和回味，开放式结局把情感的出口完全交给观众自己搭建。情绪的神秘感，多元化的解读选择，思想过程中的成就感，这是完整的传统叙事方式无法给予的观影乐趣。一个完整结局的影片呈现给你的是一个故事，是灌输性质的、表演性质的，爱或不爱，它都讲完了；而开放式结尾的影片，容易引起讨论，造成话题效应，给我们带来的是一个悬念，或者是一种更强的参与性，我们不得不根据剧情去推断，去回想，这样的故事，给我们更深的印象。

西门子家电一口气推出了6部互动微电影，每部片子只拍了1/2的故事，结局完全开放给大家去完成，其中优胜者将被拍成完整版电影。结果，近10万网友参与了这场全民灵感之旅，影片一播出就激发了网友们极大的好奇心，为了实现编剧梦大家还是蛮拼的，各种段子、神回复、穿越体、心灵鸡汤乃至几千字的小说不断刷屏，很多帖子秒沉。

"有灵感，活出彩"是西门子家电有史以来的第一次品牌整合。在深度互动中体验"有灵感，活出彩"的品牌主张：西门子家电的创新科技，让人从烦琐沉重的家务负担中解放出来，化家务劳作为灵感创作。

红岭创投也出品了一部开放式结局的微电影，在当前现实社会的信任危机下，探讨"诚信"的话题。片中某电视栏目摄制组让主持人乔装成求助的行人，并在街头暗藏摄像机偷拍行人的反应，这本是一个陌生人信任调查的节目，不料主持人却真遇到一对陌生母女的求助，陌生女子声称丈夫遭遇车祸，医院抢救继续用钱，而善良的主持人是否会向可能是"骗子"的求助者伸出援手呢？主持人伸出援手救助的到底是骗子还是真正需要帮助的人？

影片中部分混合了纪录片手法，力求真实地记录路人的反应。此外影片还创新性地采用了双结局模式，在悬念中结束，让观众自行选择信或不信，并观看两种开放式结局，这种处理也给了观众更多思考和选择的空间。

（2）双屏微电影，将用户做捆绑

春天本来就适合秀恩爱，而小熊电器更是亮出秀爱高招：一部需要两人才能观看的微电影《爱不停炖5》之《爱9在一起》，在一台手机点击视频链接后生成二维码，另一台手机进行扫描后，两台手机并一起才能观看完整视频。

新颖的观影形式令《爱不停炖5》微电影一经推出就引起了网友的关注，著名影星李晨就是其中之一。李晨发微博表示："一定是打开方式出问题。"并让网友来为他解惑。经由李晨转发，这部独特的微电影更是引起了网友的好奇。该条微博被转发超过5468次，评论超过5289次，点赞的人数超过66 334人。在李晨的微博评论中，也有网友提出要李晨与范冰冰一起来观看这部独特的双屏微电影。网友良墨生更是大呼："让冰冰跟你一起看就对了，爱9在一起。"

手机端＋手机端的双屏互动，男女／男男／女女之间的各种组合互动观影模式，让年轻男女多了一个在一起的理由，让"爱9就在一起"不仅仅只是一个口号，更成为一种实际行动。两部手机同时播放男版和女版，拼在一起才可观看完整故事，这是小熊电器在移动端的一次大胆尝试。一种全新的观影模式，一部充满浓浓爱意的《爱9在一起》，正是小熊电器《爱不停炖》系列微电影在9周年之际的一个最好延续。

（3）全民参与、本色出演

微电影应该有专业的门槛和起码的底线，不能让人觉得业余，但可以用名不见经传的演员、编剧、导演。不用知名的演员还要不让人觉得业余，似乎很难，然而，三星显示器就做了这样一件事。由三星显示器与爱奇艺网联手打造的首部全民参与微电影《看得见的幸福》，正式面向全网招募男女主角。此次活动对参与者无任何表演基础限制，只要敢于挑战，愿意尝试的网友，都可以免费报名。

从品牌营销角度看，知名演员和导演可以即刻增加关注度，更适合新产品的极速曝光和品牌快速构建；全民参与式的微电影更有利于采纳群众的智慧和需求，真正以情感需求为导向，并且为更多怀有电影梦的人提供了大量的机会，加上专业编剧和电影团队的培训和打造，会给电影圈带来一股清新的新生力量，是传统电影模式的一个有益补充。

三星显示器的这次活动分为前期公开报名、后期线上投票及男女前10名现场决赛三个阶段。选手报名后，通过网友投票选出100强，100强选手在第二阶段票数清零进行PK，接受网友第二轮投票，结合专业评委意见，产生20强并参加总决赛诞生冠军。

这种比赛流程并不陌生，无论是超女、快男，还是我要上春晚、中国达人秀，选秀之风在电视领域甚嚣尘上。如今这股强劲的全民参与之风也刮到依托网络平台的微电影领域。与电视台希望赚取收视率和广告费用不同，诞生于网络平台的微电影更多的是希望宣传微电影本身及其背后的广告主。尤其是像《看得见的幸福》这类由广告主定制的微电影。如果说前者是为广告制造内容，后者则是广告即内容。

全民参与的微电影不单纯是一次选秀或者选美活动，三星希望通过这种形式采集民间优秀的幸福故事，以此形成剧本，同时通过聚集关注幸福、向往幸福的年轻时尚人群，来传达三星福韵显示器"看得见的幸福"理念。

在成为明星之前，都可以叫作草根，本色出演往往更加真实动人。

（4）HTML5新模式，打造个人微电影

韩国化妆品品牌Innis free为其在中国上市造势，推出了一部互动式微电影。Innis free邀请韩国明星李敏镐作为微电影男主角，并加入HTML5技术带来互动效果。由此，网友可以定制一部与李敏镐的初恋故事，独一无二。方法很简单，只要登录互动页面，输入自己的头像和用户名，生成的视频中你就是女主角，成为李敏镐的初恋爱人。更不要提，片子里还会不时出现参与者的照片和名字，这足以让喜欢李敏镐的粉丝尖叫不已。

无独有偶，卡萨帝为其旗下四大主力家电推出互动微电影《独家》也是一个很好的范本。这部微电影与我们平日所看到的好莱坞式动作、惊悚和冒险题材的电影在风格上十分接近——身负使命的女主角、恰到好处的意外、夺人眼球的高科技产品，当所有具备大片潜质的元素都被呈上台面，观众们要做的，就是左右剧情。

观众的参与性表现在跟随热辣美女主角完成特殊使命，在关键时刻动用智慧，从 A、B 选项中做出自己的判断，将剧情推向截然不同的方向，而卡萨帝也在微电影中充当了决定任务成败的重要角色。

面对不同的情况做出选择，决定故事的最终走向，完成属于自己的"独家"报道，并可将其分享至社交网络。而本部微电影的片名《独家》和最终完成的"独家报道"，也正好契合了卡萨帝产品是对目标人群专属定制的概念。

> 凯文观点：广告视频、微电影都需要在有精准目标的前提下做到"精细化创作 + 整合化传播"。

引爆三

# 借势新闻　推广内容

概述：新闻内容营销传播速度快，受众面广，是非常适合品牌的一种营销方式，能够更好地拉近与消费者的距离，让消费者充分接触。基于新闻特点，潜移默化地影响到消费者的消费习惯，将品牌观念植入大脑，实现不可估量的营销价值！

# 01
# 新闻内容营销的优势

新闻营销是一种非常有力，不可或缺的手段，它不是直接出击，而是侧面展现。新闻营销可以与其他多种营销方式并用，打出"组合拳"。

（1）新闻具有更高的阅读率

在这个广告无处不在的时代，真正能引起用户关注的有多少呢？大部分的广告就是浪费金钱，并没有起到实质的效果。广告太多了，客户已经审美疲劳，大多数广告只会引起用户的抗拒和反感。

而人们对新闻的态度则不一样，获取新闻是人们日常生活中不可或缺的一部分，如果将营销信息巧妙地融合进新闻里，就不会引起用户的反感，这样会提升客户的阅读率，实现更好的推广效果。

（2）新闻提高内容可信度

如今，很多广告过于夸张，让用户不敢轻易相信，甚至对于广告已经开始抵制了。

相对来讲，新闻的公信力要强于广告，因为新闻一般是由正规的媒体发布的，发布前是需要审核的，而广告内容由于广告主是付费的，所以媒体往往不太认真审核，所以相对于传统广告，客户更愿意相信新闻里的内容，尤其是权威媒体发布的新闻内容。

（3）新闻可提高内容深度

在快生活时代，没有人乐意看冗长的文字。人们用在看广告上的时间越来越短，导致很多广告主被迫都尽可能缩短和减少广告中的宣传信息。而信息量减少，表达的意思不可避免地就会减弱，这样用户不一定能看懂其中的内涵，自然营销效果也不是很好。

但人们一般看新闻都是极有耐心的，这样有利于品牌将想表达的信息，表达得更充分。长篇幅的新闻会引起受众的思考，可以加深受众对品牌宣传信息的印象，达到更高的转化率。

（4）新闻具有长存性

各种网络广告都是有时效的，不论是百度推广的广告，还是联盟广告，只要用户点击了，钱就花出去了。而新闻则不同，一般在网站上发布后，会保存很长时间。即使时间长了，您的新闻不在首页或频道页展示了，这条新闻仍然有可能通过各种搜索引擎被客户搜索到，从长远的角度而言，新闻的性价比更高。

（5）更好的搜索引擎优化效果

搜索引擎算法在不断变化着，一个网站要想一直保持在百度首页是很艰难的，特别是那些竞争激烈的行业，这样就需要不断地更新网站优化策略。

由于你的营销新闻信息是发布到各大新闻门户网站的，而这些新闻门户网站本身就被搜索引擎认为很重要，重要的内容自然会获得好的排名，同时又会提升品牌的信息在搜索引擎上的覆盖率，要知道，品牌的覆盖率增加了，您的竞争对手的覆盖率就会相应减少，此消彼长带来差距还是很大的，更高的搜索引擎覆盖率将会获得更多的商业机会。

（6）对品牌价值提升贡献较大

我们经常看到很多品牌的网站上或宣传册上都会给媒体报道留出一块地方，大家都知道媒体报道是个好东西，尤其是权威媒体的报道。如果一个品牌经常被像搜狐、新浪、网易这种权威门户网站报道的话，客户对该品牌的认同度将会更高。

（7）易于二次传播

一般新闻门户网站的内容都会被认为质量度比较高，大网站上的新闻内容每天会被很多小网站转载，有的是人为的，有的是自动的。所以如果品牌的新闻登载到某一大型的门户网站，很有可能就会被转载到数十家甚至更多的小网站上，被更多的人浏览，同时对提升品牌信息在搜索引擎上的覆盖率也很有帮助。

凯文观点：新闻营销就像一张网，看似薄而透，可是却能捕获更多的鱼，它无法具体化，但是效果却不可估量。

# 02
# 新闻内容营销的类型

新闻内容承载方本身是媒体（这里指权威的新闻媒体），将营销与时下新闻、热门事件相结合，涂上娱乐、人文的色彩去做传播。

媒体又可以根据自身的平台大小、用户喜好、造势能力把新闻营销做出以下几种：

（1）品牌新闻

结合热点事件进行合作，以新闻形式提升信息的关注度。以文字、图片、视频、信息图谱呈现。简而言之，是以"媒体的新闻视角"报道相关的热点事件，带出品牌信息。

新闻具有最强的时效性，用户关注新闻的本身会关注到本身的品牌传播。

（2）纪录视频

以视频用户收看习惯，顺承电视传媒、网络平台运作的理念，结合客户需求进行主题设计，生产微电影、微纪录片、MV 等多元化原生视频。

2014年，柒牌为了借助非遗项目和柒牌的结合，扩大社会对非遗问题的重视，宣传品牌的社会责任心、推广品牌，联合相关媒体纪录片频道专业纪录片拍摄团队，为品牌定制《发掘千年霓裳 探秘华夏非遗》等5个微纪录片。

通过对中国传统服饰手工技艺非物质文化遗产的解读，把非物质文化遗产中精华的部分和容易被忽视的视角展示给观众，串联柒牌全力资助的国家非物质文化遗产、凸显品牌社会责任心，并在探讨非遗文化在商业环境中发展的新思考表明品牌传承经典设计的理念。

视频上线后，单集点播量超过24万次，总评论数超过13万条。

（3）原生栏目

借助栏目（既有栏目或者为客户量身定制）影响力及积累的用户，通常借用社会热点话题的深度解析，以社会热点、名主持、知名嘉宾、现场互动为基本要素，通过定制主题、话题导入，圈定、黏着、提升用户的关注，从而让用户移情品牌。

2013年，长安福特推出了一款全球战略车型——新蒙迪欧，面向有号召力、敢于挑战、对生活品质有要求的社会精英，他们希望彰显自己的行业精英地位，并能唤醒自己对精彩和充满激情生活的渴望。如何将这款科技含量高、制造工艺精良的旗舰车型成功地推向市场，对长安福特而言是非常重要的，也是必须要成功的。

结合新蒙迪欧的品牌内涵，长安福特邀请六名行业精英代表来分别诠释"事业有成""生活有品""敢于创新""富于激情""懂得平衡""懂得精彩"等六大理念，同时通过凤凰网媒体专题，在热门话题和行业精英之间建立桥梁。

在上市告知阶段，利用大数据接触新蒙迪欧的目标受众，告知新车上市；在产品深挖阶段，以知名栏目传播形式深入诠释产品特性，提升目标受众对产品的喜好；在品牌提升阶段，通过绑定名人特质，诠释品牌内涵，全面提升品牌影响力和预购度。

为了更好地实现新蒙迪欧的品牌宣传，活动借助《纵议院》栏目，利用热门新闻话题与品牌核心理念建立关联，通过大众比较关注的话题如"毕业季""土豪盖楼""城市打车难""暴发户"等现象，来表达每个人不同的工作观、财富观、科技观、生活观，从而与新蒙迪欧希望传达的品牌内涵达成很好的统一。

在《纵议院》栏目针对当下热点话题，引用精英人物参与话题讨论，通过精英人物深度剖析品牌理念，体现产品亮点。线上活动结合线下主题沙龙高端私密聚会，让新蒙迪欧车主深入了解品牌理念。

（4）原生专题

专题是电视等传统媒体经常运用的节目类型，其涉及面广，既有一定的宽度，更以深度见长。其节目形态多样，任何具有一定深度的节目基本都可归为专题。原生专题基本沿袭了电视专题，以"专题栏目"和"专题报道"两种形式出现。其优势在于以一个集中的平台，集成多媒体报道形式，全方位、立体化展现信息。通过新闻化的运作，营造出新闻化的媒体语境，融入商业化活动，设置互动，实现新闻性与商业性的融合。

2013年，为了刷新乌镇"水乡"印象，增加"戏剧"新标签，并为其剧场资源进行招商，乌镇政府与媒体合作，以"首届乌镇戏剧节"报道为源，图文音画、十天不间断、立体式报道戏剧节盛况，全方位报道戏剧节整个事件，同时对现有景点的"戏剧"内涵阐释，深度串联"戏剧"与"乌镇"的联系，同时展现乌镇七大剧院吸引国内外名剧驻演、彰显乌镇持续化戏剧投资，为后续招商铺垫。

依托新闻媒体强大的平台传播能力，通过首屏要闻推荐，重点内容密集推荐，该专题上线一周，总曝光数1.6亿，点击数43万次。

（5）原生频道

频道是一个相对独立完整的播出系统，频道专业化已成业界共识。无论是传统电子媒体，还是新媒体，以频道涵盖某类型的海量信息已成为普遍现象，从媒体角度为广告主打造专业化频道，既注重行业新闻资讯的报道，亦有意推送品牌相关新闻，模糊新闻与广告的界限。

浪琴（LONGINES）于 1832 年在瑞士索伊米亚创立，拥有逾 183 年的悠久历史与精湛工艺，作为世界锦标赛的计时器及国际联合会的合作伙伴，浪琴表品牌以其优雅的钟表享誉全球。

浪琴钟表产品定价集中在 1 万～3 万元，目标受众为中产阶级。为了赢得 30 岁左右主流人群偏爱，浪琴联合新闻媒体结合时事进行全年中国唯一"马术"频道独占式合作，创建了《马术频道》。马术赛事、表演最能体现"优雅""贵族"，通过全年全球马术赛事报道、国际知名马术教练、骑手等视频专访、华裔名骑手华天专栏、年底马术圈线下宴会筹办，浪琴以高品质的内容引起用户关注传播，同时将品牌形象与"优雅""贵族"进行了有效的移植。

# 03
# 新闻内容营销的核心要点

新闻营销不是简单地搞个活动，开个新闻发布会，媒体一报道就了之，也不是无下限博眼球地炒作热点。前者对于消费者没有意义，后者只会带来负面影响。

新闻内容营销最核心的是：融入媒体环境，提供有价值的内容。

营销融入媒体环境，在微博，它是一条微博信息；在优酷，它是一段视频；在报纸杂志媒体，它是一篇文章、一则报道。

什么是提供价值内容？传播内容不是简单的广告信息，无论传播载体是什么，都不要去干扰用户的体验，品牌需要融入消费者生活，与用户产生共鸣，制作对用户有帮助的价值内容，创意更需要聚焦于人性与普世价值，而不是广告轰炸，强迫消费者去看你的信息。

从操作实例来看，主要手法可以总结为"找概念、请名人、讲故事、做传播"。

其中，很重要的一个环节在于"找概念"。概念找对了，才有可能在满足广告主传播诉求的基础上与用户产生共鸣。在内容与品牌相关的前提下，以观众、使用者为出发点，思考什么是他们想知道的？怎么让他们发笑？什么可以帮助他们的工作和生活？什么又能让他们迫不及待地和亲友分享？

要拿出让媒体喜欢的真东西，让媒体乐意"免费"服务。如果你的所谓"新闻"，其实就是变脸的广告，如果你的"新闻"，没有任何的新闻价值；如果你的"新闻"只是品牌的自吹自擂，人家怎么会留给你宣传的空间呢？没有媒体会拿自己的信誉开玩笑，除非它就是一个不入流的"广告报"。一些大品牌，比如跨国集团、龙头品牌、知名品牌人，本身就会引起媒体的兴趣，成为新闻媒体关注的对象。比如可口可乐、海尔、娃哈哈、联想等品牌及其领导人经常出现在媒体之中。而大量的中小品牌则没有这种待遇，他们怎么办呢？那就得在新闻价值上挖掘。就得从媒体受众的角度出发，长一双"新闻眼"，挖掘品牌的新闻"卖点"，让受众可看，媒体可用。

> **凯文观点：**品牌不仅是新闻的消费者，更要做新闻的制造者，生产优质内容。

### 1. 新闻必须融入媒体环境

媒体最核心的竞争力和价值在于它的影响力，太过商业的广告行为会损害其影响力，因此品牌要以媒体和消费者沟通的方式，包括视觉感受、沟通语境来与消费者进行沟通，而不是按照传统广告的思路。

这里以常见的媒体内容形态来举例：分别是冠名、植入、定制。

传统的冠名是最常见的形态，从《超级女声》中的蒙牛，到《中国好声音》中的加多宝，都是采用冠名的形态。原生广告形态的冠名，不会通过直白的品牌露出和口头告知来影响用户对品牌的关注，而是通过融入媒体的环境，提供用户感兴趣的内容，进而加深与用户之间的共鸣。

传统的植入，比如冯小刚导演的《非诚勿扰》中，葛优与舒淇在饭后结账时给服务员递出一张银行卡，特写镜头里呈现出卡面上"招商银行"

四个字，就是一种典型而生硬的植入。

传统的定制，往往是针对广告主的营销需求进行内容的量体裁衣。新产品发布、高层访谈、活动报道，均属于传统的定制形态，形式包括图文音视，这类定制虽然通过媒体的报道力量将广告主的信息进行了整合及传播，但由于形式过于传统，在这个信息渠道如此多元的时代，获得用户高度关注的难度已经越来越大。

而真正的融入媒体环境是：不仅要产品植入，更要融入剧情，变成不可割裂的一部分。例如《变形金刚》中的雪佛兰汽车代表的大黄蜂，《无敌破坏王》中的可口可乐和曼妥思薄荷糖。友邦保险在推广面向80后的保险产品"全家优保计划"时，《锵锵80后》的两期节目从一个杭州司机遭遇飞来横祸却因没有保障而得不到任何赔偿的故事入手，引发同样面临上有老下有小的80后新生代家庭关注及讨论，恰到好处的植入潜移默化地传递了友邦保险"保障专家"的品牌形象及全家保障型产品的优势。

对于热门节目《爸爸去哪儿》第二季的独家赞助商伊利QQ星，为了避免生硬的效果，除了节目中孩子们饮用QQ星牛奶外，并没有刻意展现产品的商业化元素，尽可能做到原生态地呈现。

为了使节目更具可看性，《爸爸去哪儿》每站都会选择一个独具特色的拍摄地，随着节目的播出，各个拍摄地也成了观众瞩目的焦点。伊利QQ星看准了这一机会，将自家天然牧场推上了《爸爸去哪儿》节目。与喧嚣的都市不同，伊利拥有的三大黄金牧场，空气纯净、水源清澈、风景优美，算是天然的优质拍摄地。

"原生态"植入，只秀品牌理念。

伊利QQ星牧场搬进《爸爸2》最大的特点或者说优势，是自然、原生态，蓝蓝的天空、白白的云朵，在一望无垠的美丽大草原，萌娃们欢快地玩乐，探秘伊利QQ星牧场天然奶源地，体验原生态的成长乐趣，自然体现伊利QQ星"专注儿童成长"的理念，而节目中反复提及的"成长更出色，爸爸更放心"，显现了《爸爸2》与伊利QQ星品牌理念的紧密契合。

巧用代言人张亮，一箭双雕。

除了拍摄地点，前一季嘉宾张亮父子的现身，为节目增加了曝光度。而作为伊利QQ星的代言人，他在节目中身穿伊利QQ星牧场工服，也无形中为品牌做了宣传。

深度植入凸显奶源与品质。

星爸萌娃们还在牧场参加了"伊利牧场萌娃会记者"发布会。不同于平常在会议中心、酒店等举办的发布会，伊利这次将发布会搬到了自己的奶源地草原牧场，不仅让简单的发布会变得生动有趣，还将奶源地伊利QQ星牧场的原生态展现出来。

伊利牛奶所追求的品质也在星爸萌娃探秘伊利QQ星牧场天然生产工序的过程中自然地展现出来，同时在原生态草原萌娃们所释放出的童真与天性也匹配了伊利QQ星强调的"成长"理念。

伊利利用自己独家赞助商的优势进行"原生态"植入，同时巧妙地融入了节目剧情，克服了生硬植入带来的违和感，也相对自然地讲出了自己核心奶源、品质诉求以及成长理念。

> **凯文观点**：融入媒体环境就是将内容进行巧妙的软包装，符合媒体的特点，而不是生硬地植入。

## 2. 新闻必须提供有价值的内容

无论是个人还是品牌，我们常常一边向往健康环保的环境，一边又亲手给环境制造麻烦；做营销也是一样，要尽量提供有价值的内容，而不是制造噪音。

互联网＋时代，尤其是移动互联网的快速普及，中国广告行业从传统的"内容"＋"形式"，到"内容"＋"形式"＋"社交"，无论怎样变化，最本质的东西并没有改变，这就是"内容"。如果没有"内容"这个"1"

起作用，其他的"0"再多也没有用。

在这个百花齐放的营销春天，我们虽然可以比较容易地把信息传递给消费者，但面对太多的选择，最终起决定性作用的，只能是优质的"内容"。

内容也是消费品。在内容方面，品牌总有一种难以割舍的通病：以"自我为中心"，围绕着自己的产品、事迹，自说自话，不管用户是否感兴趣。他们制造（不是创造）了海量的内容，却忽略了去创造用户真正想消费的内容。究其原因，一些品牌主总摆脱不了"内容就是产品的附属品""内容就是随产品一起到达用户手中的产品说明书、产品宣传手册"这样的惯性思维。很少以"消费品"的态度考虑内容：到底有没有市场？这样的内容经得起市场的检验吗？某种程度而言，每个公司都是媒体公司。投资创建你的用户真正想消费的内容，至关重要。

有价值的内容最核心的是构建人与品牌平等对话的平台，回归到以人为中心，与人们的生活息息相关，从产生兴趣、引起共鸣到品牌的信任，通过打造匠心独具的品质内容，让广告不仅走进生活，生产出优质、差异化、引发共鸣的故事，并衍生出新的内容、服务和关系，使得品牌与社会趋势、人、媒体自然融合，为品牌创造短期高关注度和中长期可持续发展的价值。

（1）有价值的内容应该具备以下特点

以受众为中心，提供有价值的、相关的内容；与目标人群购买相关，具体到某个购买阶段；讲一个故事，贯穿于整个客户体验流程；有明确的行为激励，指导受众的下一步行动；根据渠道（微博、微信、博客等）不同有相适应的组织形式和表现手法。

①绘制人群画像

通过直接调研消费者、潜在客户，或者采访与消费者直接接触的人，如公司销售团队、服务团队、经销商等，全方位了解自己服务的客户，从而刻画出完整的人群画像，在形成这些角色的过程中，你将更加深刻了解到你的客户是谁，明晰你的受众的关注点、消费偏好和目标，从而可以学会如何更好展开你的营销活动。

以下几个维度可能是你需要重点关注的：

背景：目标人群的基础信息，包括公司、职务、兴趣等；

职业信息：重要的工作职责和内容，对目前工作满意和不满意的地方；

信息来源：目标人群通过何种途径获取信息；

挑战/痛点：面临什么挑战和问题，以及面对这些所表现的反应和情绪；

内容媒介偏好：对何种类型的内容、什么样的风格会感兴趣或引起互动；

购买过程中的角色：具体目标人群对于他人购买决策产生何种影响；

营销信息：希望直接传递给目标人群的品牌信息。

根据消费者类型，你可以把他们分成潜在的、持续的和忠实的消费者。

新的消费者：需要用内容去活跃他们，激发有效的互动。比如在线问答、消费者社区交流。

持续性消费者：当你的内容开始取悦他们后，可以尝试提供更加详细的产品信息、官微、博客等让他们全方位了解你的产品，从而把一次性消费者转型为持续性消费者。

忠实消费者：他们会强烈支持你的品牌，并为你带来新的客户流。为了强化忠实消费者的口碑传播行为，有必要给予忠实消费者超出预期的奖赏。

②绘制消费流

他们是如何注意到你的，为什么对你感兴趣，他们如何搜索到你，他们通过哪种手段进行消费，他们为何以及如何分享你的信息。

只有这样你才能抓住目标人群的痛点，做好品牌展示的基础建设，完成品牌信息的传播和到达。

完成了购买流程的绘制，你还应该了解这样的事实：消费者并非买了就买了，我们还需要对消费者进行持续的沟通和调查研究。

通过对购买流程的绘制和消费者分层，将有助于你更有目的性地制订内容营销计划。

③建立品牌形象

通过各种渠道来展现持续的影响力是很重要的，这就需要对自己的品牌形象进行定义。

不管你是在社交媒体上、博客上或者大众媒体上发布内容，你所书写的风格都将成为你品牌的形象，同时需要保持一致性，而且要考虑到内容所对应的用户需求。

我们将品牌形象分为以下几个部分，性格（友好、温暖、激励人心、好玩、权威等），语调（私人、谦虚、诚实、直接、科学等），语言（简单、复杂、严谨、专业等），意图（传播、互动、告知、教育、娱乐、销售等）。

④选择合适的内容载体

内容的载体可以有很多种，如视频、电子书、信息图、档案、报告、滑动页面（HTML5 或 APP）、案例研究、博客等。不同的载体会对不同人群和场合有完全不一样的作用。

⑤生产内容的关键问题

在生产内容时，要记得时时问自己 5 个问题：

你的内容易于阅读吗？你的内容结构是否清晰；是否将大问题细分为几个小问题分别论述；每个小节是否有主要论点？

你的内容易于理解吗？你是否采用了恰当的形式表现内容；事情的来龙去脉是否介绍清楚；是否以目标受众的话语体系进行表达；你所传达的内容在目标受众的理解能力之内吗？

你的内容能引起目标受众的行为吗？你的内容是否提供了评论的渠道；是否告知目标受众如何行动；是否提供了相关内容的链接？

目标受众会去分享你的内容吗？你的内容是否能够激起受众的某种情绪反应；是否有便捷的分享方式；是否根据目标受众的偏好进行了定制化推送？

你的内容易于被受众找到吗？内容标签是否清晰完整；内容标题、摘要、关键词等是否完整；与其他相关内容是否进行了互链？

凯文观点：用户想消费的内容，很可能和产品无直接关联。但是该内容折射的情感与个性，却是产品要表达的理念。

（2）有价值的内容必须符合自己的品牌定位

有价值的内容前提是有价值，比起浪费时间精力的广告，内容必须给观众一些有价值的东西来换取消费者的关注，让他们对品牌产生一些好的联想。

在红牛的整体营销环节中，产品本身不是重点，生活方式第一，卖饮料第二。对于红牛来说，比起拍电影、出杂志、做病毒新闻事件，红牛并不急于向消费者卖饮料，那可能是营销环节中最没有必要被反复提及的东西。

红牛创建的是一种充满能量的生活方式，而为了推广这种生活方式，红牛联合极限运动员展示了一系列惊喜刺激的内容。

当鲍姆加特纳（Felix Baumgartner）成功地从3.7万米高空超音速跳伞时，他不仅刷新了保持50年的世界纪录，同时也在互联网创造了1.7亿次的点击量。这次跳伞事件被世界各地的电视台报道，从ESPN到CCTV，该段视频还入选为《广告时代》年度十大病毒，而Felix所背降落伞和机舱门上显眼的公牛图案也让红牛的品牌威望如日中天。《福布斯》因此撰文称："这是红牛做过的最牛的一次营销举措，而且很可能是有史以来最牛的一次营销。"跳伞事件引起巨大轰动后十余天时间，红牛又紧接着汇聚了跳伞、高尔夫、越野机车、跨栏等多个领域共11位顶级运动员，从高空到落地，进行人机配合多米诺挑战赛，这次活动同样成为了红牛的超强病毒。

所有的极限运动挑战赛都被收录在红牛的官网上，其中涵盖了与红牛有关的运动员，游戏，极限运动的视频、图片等各种信息，林林总总达到上万条。

品牌营销活动是否成功，大致可以通过销量、品牌意识和消费者的购买动机是否提升这三个标准来衡量。10年前可能没有人知道红牛，时至今日，红牛的品牌认知度也许还不能与麦当劳和可口可乐相比，"但它或许能和星巴克相提并论了，并且还在不断提升"。从这个层面上看，红牛的营销绝对是成功的。

（3）有价值的内容必须找到生活的"切入点"

2013年，在奥利奥101周年之际，奥利奥邀请冯小刚导演发起面向全社会的"扭开亲子一刻"行动，引领中国家庭重新发现和体验亲子一刻的快乐。4月9日，CCTV1、湖南卫视、江苏卫视、东方卫视同步发布冯小刚《亲子一刻》的微电影，引起社会广泛关注。

围绕"扭开亲子一刻"，奥利奥联合优酷打造主题季项目——奥利奥2013成长季"大手牵小手"，展开全方位、多层次的视频专题营销活动。基于庞大的UGC内容，优酷以全方位、多层次的视频整合营销方式，将奥利奥倡导的亲子正能量传递给网友。

结合不同的社会话题，优酷新闻中心推出《季录》系列纪录片，主要讲述10个亲子与快乐成长的故事。其中，《我有一个秘密》在微博和微信朋友圈大规模传播，片中的四川癌症妈妈李舒和三胞胎女儿们的亲情故事感动了无数人。通过PC端活动网站、优酷手机拍客征集亲子视频或照片，奥利奥号召网友用影像记录下亲子的点滴故事。参与的网友不仅有机会赢取现金或实物大奖，还有机会入选冯小刚首次执导的《奥利奥——亲子中国》微电影主角。在奥利奥品牌和冯小刚导演的共同号召下，通过腾讯"奥利奥亲子空间"、优酷"奥利奥成长季"亲子微记录以及深入全国134个城镇的奥利奥亲子大巴，讲述了上百万个真实的亲子故事，引起了社会广泛关注，形成热门舆论话题。中央电视台连续三天进行相关报道，国内外各大媒体也持续进行关注。仅在优酷平台，该系列中《我有一个秘密》的播放量已突破870万，评论数接近25 000条。

> **凯文观点：** 品牌传播要避免高高在上，曲高和寡，要多用生活中的场景，这样更容易被理解、被记住、被传播。

（4）有价值的内容必须要传递一种态度

过去的 30 年，中国 GDP 保持着 9% 的飞速增长，人们每天被身边疾驰而过的海量信息催促向前，生活中的一切都被按下了快进键。这种"快"也在引发大家的反思。

什么是"赶路人"？就是那些为达至功成名就或被社会接受，一路赶、赶、赶，过分努力积极进取，乃至不惜牺牲一切时间、精力、健康、自我尊严的现代人。

在一个资源有限、高度竞争、优胜劣汰、适者生存的社会里，一个人或一个个体因为担心落后，害怕"输"给他人，必须经常保持在战斗状态，否则一旦被人超越，就会成为他人眼中的失败者。

酿造一瓶品质卓越的尼雅年份葡萄酒，至少需要 3 年的时间，历经 12 道工序，每道工序中还包含多个具体环节。继承古尼雅酒高雅、尊贵精神的尼雅葡萄酒，拥有独特的香醇口感。正是这种"慢"，成就了尼雅佳酿。

为了让更多消费者了解尼雅品牌，同时理解尼雅"慢慢酝酿，精心雕琢"的品牌理念，尼雅联合媒体，邀请名人解读"不做赶路人"。"不赶路"的精髓在于一个"慢"字。只有缓慢才能思考，才能在生活中找到平衡，张弛有度、劳逸结合，提高生活质量，提升幸福感。放慢脚步，去享受喜悦，只有如此，生命才会变得有宽度。

①创意 / 策略执行

首先，借势世界杯，进行前期预热。

聚焦世界杯球星"不做赶路人"的人生故事，借助媒体体育频道"大人物"图文专栏将尼雅品牌"不做赶路人"品牌理念融入，引发受众关注，完成活动前期预热。

其次，卫视名主持撰文讲述"不做赶路人"感悟。

邀请 3 位著名主持人发表文章，以自己的人生经历倾情讲述"不做赶路人"，以媒体达人的角度带领国民深度追寻中国人生存现状的问题根源，并探寻"如何不赶路"的解决办法。

最后，专访品牌代言人吴秀波，讲述"不赶路"的人生哲学。

邀请尼雅的品牌代言人——著名影星吴秀波，再次畅谈自己默默耕耘的心路历程和"不做赶路人"的人生哲学。同时筛选3位行业精英进行深度访谈，讲述他们"不赶路"的人生故事，然后剪辑访谈视频进行全网传播。

②线下："不做赶路人"沙龙扩展活动影响力

借助第二届尼雅荷花节赏酒会，召集超过100位行业精英线下开展"不做赶路人"的文化沙龙，从各行业角度探讨如何"不做赶路人"，并通过现场超过20家媒体向社会发声，号召国人真正找回慢的能力。

③打造"不做赶路人"体，掀起SNS分享高潮，将活动升级成社会话题

在网上发起了"不做赶路人"明信片DIY互动活动，让网友制作带有自己肖像的明信片，写下自己的人生格言，在媒体专题页面分享，同时参与者有机会获得尼雅雷司令干白葡萄酒优酿级或者尼雅霞多丽干白葡萄酒珍藏级一瓶。

通过找寻生活、人生的切入点，将尼雅品牌精神升华，让消费者了解尼雅"慢"与"真"的特性，深刻体悟到"不赶路的人，才可以成为大家；不赶路的酒，才能成为佳酿"的道理。

（5）有价值的内容必须融入社会化话题

福特翼搏上市恰逢春节假期前后。长安福特希望凭借翼搏强大的产品力改变紧凑型SUV市场现有的市场格局，成为该级别细分市场的新标杆。

春节期间，是中国一年一度的大迁徙时期，几乎所有人心中都被回家过年的念头占领，这并不是和消费者沟通的最佳时机。在这种状况下，如何找到大众最为关心的话题，让忙于买车票机票、苦于没假期赶不上年夜饭的目标受众们关注此次传播，是策划本项目的最大挑战。

福特翼搏联合新闻媒体通过大数据，发现"年终奖、被逼婚、买票难与年夜饭"为春节期间最热关键词，通过上述关键词为主题的四部微电影，

在情节中巧妙融入产品信息，借助微视频，结合街坊、回家秘籍等活动，打造《FUN 手趣过年》主题传播；经过对媒体数据的收集整理，以信息图的方式呈现福特翼搏独家春节回家秘籍，其中包括《年终奖花法支招》《春运不求人指南》《春节不逼婚宝典》与《年夜饭终极攻略》四大内容。

并且整合有奖调查等多重互动，鼓励受众参与线上调查、有奖试驾等活动推广，为福特翼搏收集销售线索，促成试驾，向受众精准传递福特翼搏"FUN 手趣冒险"的品牌精神；原生内容结合有奖试驾活动，促成优异的 O2O 体验。

借助春节热点，翼搏为主人公从容解决春节难题的故事，配合有奖试驾的激励，让超过 9000 名目标受众注册体验试驾活动（《FUN 假办调查局》线上调查），完美促成了线上参与到线下试驾的 O2O 营销。

（6）处处都是有亮点的内容

对"产品"进行内容营销的价值是：让产品成为消费者口碑传播的话题！消费者觉得你的产品有内容，他们想自发地讨论这个产品。还是那条不变的真理：与其挖空心思想着怎么吹捧自己的产品，不如好好想想：怎么打造让人尖叫的产品？而让人尖叫的产品，其关键之一就是：有内容营销的价值！能成为公众谈论的话题（正向）。

2014 年 7 月，一条"无印良品（MUJI）有哪些值得买的东西？"的问题，在知乎上迅速蹿红（不管它是不是软文，即使是，也是很成功的软文）。

这个问题已获得 2 万多人的关注，并有 200 多个较高质量的回答。很多 MUJI 粉贴出了发自内心赞赏的 MUJI 单品，文图详尽。最值得一提的是：这个"问题帖"从知乎传到了豆瓣，然后网友们的 UGC 被整理成文章，在微信朋友圈里又广泛传播。

和产品一样，花心思的服务也是具有内容营销的价值的，比如海底捞。尽管不少人说"海底捞"的服务是一种"噱头""炒作"，但是谁不想获得如沐春风的服务呢？

2014 年情人节，"招商银行"微信公众号推出了"小招妹子叫你起床"

的微信活动，给粉丝们放送福利。

招商银行的服务理念是"客户至上，因您而变"。招行客服的热忱服务是有口皆碑的。因此招行就让招行客服妹子录制各种有内容的"闹铃"，有温柔版、女汉子版，等等。最后，应广大粉丝的要求，增加了招行暖男版的"叫你起床内容"。粉丝们可自行下载，把它们带到现实中来。这个内容操作简单、成本低。核心就是招商银行的软资产：好服务。

> **凯文观点**：渠道和载体都只是外衣而已，内容价值才是精髓。就像一个人，无论他穿什么衣服，内涵是基本不变的。

### 3. 新闻必须有技巧、持之以恒

新闻营销分两种，一种是精心策划的大事件，还有一种是日常生活的小新闻。对于小新闻，除了融入媒体环境、提供有价值的内容外，还要注意一些小的技巧。

（1）明确目标

花钱制造新闻并不是品牌的目的，重要的是新闻背后想要达到的目的。主体是品牌，是品牌站在自身的角度进行策划的。所以在进行新闻营销前，一定要明确目标，一切新闻都要围绕目标来策划，目标达不到的新闻策划对品牌没有任何意义。

（2）了解媒体特性

把媒体当成一个特殊的用户，它的需求就是各种优质的新闻，什么新闻适合他的平台，什么样的新闻易于传播，根据需求来挖掘切入点。

选择大众媒体：尽可能地选择大众媒体，或是选择那些影响力较大的媒体，只有这些媒体才能扩大新闻的传播范围，引起轰动效应。这就和我们投稿都去新闻源网站一样，是为了能让软文尽可能广地流传，小的受众媒体很难达到效果和目的。

（3）注重"短、平、快"，速度取胜

重大新闻事件一旦发生，即刻成为政府、媒体、网络、公众关注的焦点，品牌应迅速做出反应。2001年7月13日，萨马兰奇刚刚宣布中国申奥成功，记者新闻稿还没见报，海尔仅花30万元制作的祝贺片"全球海尔人热烈祝贺申奥成功"已经在央视播出。当夜，海尔集团的热线电话被消费者打爆，相信国人在多年后再回味这一历史时刻，第一个想起的民族品牌就是海尔。

（4）客观、公正

虽然我们制造新闻是为了推广营销，但是新闻一定是要以媒体的立场客观、公正地进行报道，用事实说话，字里行间要能经得起推敲。

（5）多从正面出发，不能产生负面效果

在策划新闻时一定要反复推敲，从读者的角度来审视新闻内容，确保每一分的营销费用都为品牌增色，而不是产生负面效果。戒假新闻、伪新闻或者不是新闻的新闻。努力挖掘、升华新闻事件中的积极意义。伊拉克战争爆发后，许多品牌觉得这是一个"负面的、不好的新闻"。但统一润滑油却捕捉到了全球呼唤"和平"与"理解"的声音，其广告语"多一些润滑，少一点摩擦"一经播出，立刻得到广泛的共鸣。

（6）持续性发布

关于王老吉捐款一个亿，从地震募捐的天价捐款到互联网各处流传的上架一瓶买一瓶的广告语，靠的就是持续不断的营销，如果说仅仅是捐款之后就没了下文，那么从营销学的角度来看是很失败的。事件的发生都有一个从萌芽到高潮、结束的过程，这就要求品牌在新闻事件发展的不同阶段随机应变，选择最适宜的传播方式。

体育营销是现代品牌提升品牌知名度，扩大市场半径的优质"催化剂"。遗憾的是，往往是赛事刚开始，大家都出现在赛场，一窝蜂似的大搞冠名，大投广告。但赛事刚一结束，又全体"销声匿迹"。这样的营销方式，说得好听点可以与"事件营销"沾边，说得不好听纯粹在"出钱买热闹"。"雅典奥运倒计时一百天"，高露洁冠名央视"千秋奥运"栏目，提前为"新闻"预热，在 8 月赛事紧张、观众无暇看广告时，已经收到了满意的传播效果。

> **凯文观点：**一次好的营销并不是一时兴起的跟风，有技巧、连续不断地推进，最后才能达到一定的效果。

# 04
# 社交自媒体类新闻营销

　　微信和微博，这两大产品看似和媒体并不搭边，但却从根本上影响了专业媒体多年来树立的行业准则和做法，也成为品牌新闻内容营销新平台。

　　当前环境下营销面临五大变革，营销需回归本心。

　　营销对象的变革，消费者从受众转化为参与者。在品牌营销过程中，消费者不仅是单纯的购买者，还是品牌的倾听者和合作者。消费者要掌握话语权和主动权，成为品牌的参与者，与品牌达到精神共鸣。

　　营销理念的变革，从品牌鼓吹到品牌交互。让人们从 360 度的全媒体触点接触品牌，演变成 365 天走进人内心的原生营销。融入到消费者的生活圈，让品牌与消费者产生互动。

　　营销方式的变革，从博人眼球到带动情感。以前的营销是博人眼球、出位，以此得到消费者的关注。而现如今，如果想打动消费者，必须要融入到消费者的这样一个新媒体式的社交方式中，带动消费者的情感。

　　营销执行的变革，从品牌生产＋媒体宣传的分工到品牌＋媒体合作生产内容的协同共赢。单打独斗，不能准确了解消费者喜好，无法获得大数据支撑，不能紧密地在快速的市场反应中创造整合的效应或营销爆点。现在营销执行需要一个整合的、共赢的平台，要求能够创造优质内容，分发到不同平台，实现共赢。

如果说广告营销是站在商家的立场说话，那么新闻内容营销就是站在客观的角度说话，消费者更倾向于听谁的呢？毋庸置疑是新闻！当今社会，人人都有意愿、有能力关注新闻，新闻的高关注度使得其受众巨大，而新闻营销借助新闻的形式和手法，能够多角度地展示品牌文化、行业资讯，潜移默化地塑造品牌形象，在不知不觉中影响人们的消费习惯。人们消费往往存在一种品牌熟悉的倾向，他们更倾向于购买耳熟能详的品牌，这使他们感觉更可靠、更安全！

2014年2月，网友"摇摆哥"在腾讯微博"爆新鲜"称自己与好友在成都大邑县和雅安市芦山县交界处的黑水河自然保护区发现一只野生大熊猫。本是一条奇趣的草根微博，不料竟然获得《华西都市报》《春城晚报》、海外网等官方媒体转发引用，甚至荣登百度热点新闻首条。令腾讯微博的众多草根博友齐呼："就这么火了，真是万万没想到啊！"感叹"摇摆哥"幸运走红的同时，不禁发现，类似的案例每天都在腾讯微博上演着，一个个具有高新闻价值的草根微博逐渐成为媒体锁定的资讯挖掘蓝海。

微信、微博提供了用户生产大量UGC的平台，专业UGC内容的汇集将成为专业媒体内容的生产源头。微信、微博的普及性和功能性能向网民提供不同的阅读场景，而场景已经成为继内容、形式、社交之后，移动媒体发展的第四大关键要素。

新闻推送插件、朋友圈等提供了大量泛阅读和浅阅读内容，而泛阅读和浅阅读已经成为用户需求的主体。60.6%的用户会在碎片化的时间里访问移动媒体，仅在卫生间这个场景访问媒体的网民就占到了总数的

27.5%，甚至高出"床上"场景的 25.8%。这是一个非常可怕的数字，当纸媒还在嘲笑电脑无法搬进厕所的时候，移动媒体已经彻底占用了网民的碎片时间，社交媒体、专业媒体以及用户正在被移动互联网所连接，只要是有用户的地方，媒体就无处不在，只要是有需求的地方，就会有新的媒体出现。

> **凯文观点：** 任何时代对内容永远是有需求的，不能因为换了个餐具就不吃饭了。所以，不用担心新闻内容营销会过时。

### 1. 社交自媒体新闻营销案例

社交自媒体出现后，媒体逐渐从一个高门槛的专业机构操作，变成越来越多的普通人自己可以发布信息、传播信息。从论坛、社区到博客，再到微博，媒体变得越来越个性化、个人化，每个人发言的自由空间越来越大。微博对许多重点、热点事件都起到了重要的推动作用。

在社交媒体普遍使用的今日，普通人身边发生的大小事也可能成为"新闻"，或至少具备"类新闻"的属性。这种"新闻"或"类新闻"随处可见。品牌只要分析好自身条件，找到定位、了解媒体平台特点，根据用户喜好生产有创意的高品质内容，选择与自己匹配的微博大号进行合作，就可以玩好社交自媒体下的新闻营销。也可以把自己打造成一个权威的媒体。

比如：微博认证为"中国知名护肤专家"的冰寒，会定期通过私信给粉丝们推送长知识、科技含量高的护肤类文章。他写的"兰蔻眼部精华肌底液评论"，客观中立。眼霜是女性不可或缺的常备品，这篇文章就是一篇融入微博环境的高品质新闻内容，对需要眼部保护的粉丝是有参考价值的，是她们乐意看到的，里面也很好地植入了兰蔻品牌（不管是有意还是无意）。

微信的"所读即所买"文章，微信公众号"清单"。"清单"给自己的定位是：理想生活用品指南。它说："我们并不因家里堆的东西越多就越感到满足；我们需要极致，需要完美；需要以合理的预算实现尽可能理想的物质生活；所以我们需要一个迄今为止，人类文明能够为身边人实现的、理想生活的用品清单。"

"清单"用有品位的内容连接产品和它的主人。它的文章标题大多是："带娃旅行必备六样宝贝""如何有效去除黑眼圈""送给妈妈的 10 件实用礼物""'暴晒'"护肤都不怕的旅行护肤经"等等。这些"清单"就是融入特定环境下的新闻内容。近年来，这样的微信公众号不少。它们大多集中在某个利基领域，有着牢固的、高质量的粉丝。现在，有越来越多的公司倾向于和这样的微信公众号合作，产出合目标用户口味的广告，能够找到切入点，引爆用户自然就能成为新闻热点。

惠氏妈妈就深度洞察消费者，利用微博工具打造了"你有多勇敢，就有多幸福"的热点新闻。

女人本是感性动物，但肩负起妈妈的责任之后，感性成为"敢"性，勇敢更幸福！孕妈们敢于脱下高跟鞋、敢于裸妆出门、敢于此生就这样被拴住，她们经历着、见证着这一生最幸福的时刻！

第一步，洞察孕妈咪们的内心世界。在女性广告中，"伟大""坚强"这类的词语并不少见，然而针对孕妈咪这个特殊群体，从来没有人将"勇敢"和她们联系到一起。事实上，中国在全世界范围内，算得上是结婚生子强迫症重度患者。作为女性，适龄结婚和生子在社会看来是理所当然的事情，而她们为此做出的关于事业和生活上的让步，也同样被视为当然。

现在的孕妈咪多为 90 后，为了宝宝，她们需要忍痛放弃升职机会、剪去留了很久的长发、承受怀孕带来的种种不适。帮助消费者说出她难以启齿的痛苦，洞察就成功了一半。

第二步，让孕妈咪们看了想哭的视频"你有多勇敢，就有多幸福"，这是感人视频的主题语。根据这个主题语推出"礼赞勇敢孕妈咪"的感人视频，短短 3 天视频点击量就超过 260 万，在朋友圈引发无数孕妈和新妈妈的主动转发。

第三步，真实孕妈咪做 KOL。惠氏妈妈奶粉还邀请了一些真实孕妈做 KOL，在微博晒出自己的勇敢宣言，并推出一系列的海报：

我是星尚辣妈 @陈禹而，从前星尚舞台就是我的全部，现在敢于告别镁光灯和五光十色；我是总裁辣妈 @Tina，从前全力以赴拼事业，现在敢于叫一切精彩为 Baby 让路；我是二宝辣妈 @颐想莲开，从前担心小孩是梦想的牵挂，现在敢于怀第二个甜蜜负担。

第四步，和 UGC 一起勇敢做孕妈咪，3 月 8 日妇女节那天在微博上同步发"礼赞勇敢孕妈咪"话题，在微博晒出自己的勇敢宣言，并创作了相应的 HTML5，鼓励孕妈咪们说出自己的心声，定制属于自己的勇敢宣言，诸如"我是勇敢孕妈 ×××，我敢于一辈子被 TA 拴住"等等，告诉全世界孕妈咪的伟大，让世界为她们点赞。

> **凯文观点**：在互联网文化下，谁端着架子谁就会失去市场。

### 2. 如何在社交自媒体上制作新闻内容

分享本身不是什么技术活，但如何能让你的分享一呼百应，好评如潮，确是个很讲技术的工作，研究表明，想让你的分享得到更多关注、回复和扩散，是有技巧的。

（1）关于社会化营销的前提

①你要有核心的粉丝，他们会主动传播你的信息，并主动创造话题。为什么许多手机品牌想学小米学不好，因为他们之前都是靠渠道卖手机，什么移动定制机、联通定制机，没有自己的核心用户，也不懂得利用现在的信息渠道。

②这一定是一个长期的过程，不要妄图靠一两场策划活动就能建立品牌，品牌的形成本身就是一个长期的过程，社会化营销只是增加一个渠道，让大众相对更快地认识。雷军卧薪尝胆 4 年,动用了他一切的资源和精力（看

小米的团队），才将小米做起来。当然，以后怎么发展不知道，目前来讲，是成功的。即使是雷军，他现在也承认如果是同样的事情做第二次不一定会成功。

③产品够硬，营销归根到底还是靠产品说话。比如火过的脸萌、足记，也没见投放硬广，靠着朋友圈一点一点地渗入，最终量变形成质变，靠的是用户的喜欢。这种宣传不是靠一两篇鸡汤文就能达到的。

④一定要有自己的核心价值，这个核心价值别人必须认同。这个应该算第一点的补充。说白了就是贴标签，可以是人，比如"××，我为自己代言"。

⑤一定要获得主流媒体的认同。主流媒体的认同相当于权威认同。一些知名的报刊和电视栏目一定要上的，这对提升个人和产品的格调有很大的帮助，甚至是飞跃式的发展。

⑥内容是在社交媒体上制胜的关键。

当传统广告大拼阵仗拼 TVC 特效，数字媒介拼技术拼机制拼炫酷的时候，社交媒体默默地产出内容，见缝插针，深深刺进消费者的内心。这些内容，并不是将传统广告里的社交媒体、长文案换个平台发布，而是将它们拆解，认真讲背后的故事。并且社交媒体平台拥有"小、精、快"的优势，让品牌能够迅速被传播。

认真来讲，社交媒体是更情绪化的表达，没有人愿意自己的微博微信传播广告，因此在社交媒体平台上品牌注重与消费者的共鸣。我一直是这样定义一篇好的 social 文案的：

"没有人看得出这是一则广告！"如果一个品牌只想在社交媒体平台上，一遍一遍推销自己的产品功能特点，品牌的卖点，那注定会被埋没在海量的信息里，"重复"这样一个常见于传统广告的高效传播方式，在社交媒体上并不太能玩得转。

⑦敢于不断试错。

互联网的平等与低门槛，其实给予了品牌更多的机会。当你在考虑这个活动会不会有人来玩？这个话题会不会火？这个内容会不会被大量转载的时候，可能有人就已经敢于做那个"吃螃蟹"的人，先你一步把你的创意变成了现实。

因为，只有受众的反应才是检验创意好不好的唯一标准。高频率、快节奏的网络世界中你很难把握受众们的喜好。就像豆瓣这样一个将"长尾理论"立刻付诸实践的网站一样，即使这个小众文青的网站在不断被唱衰，不论它如何改变，总会有一群受众坚守在这里，那条长长的尾巴不会消失。

这一次没有火不要紧，下一次也许就会有效果了，不断地尝试新鲜的方法去刺激受众，总会有一天戳中他们的痛点，在无数次错误的经验中，你终究会能抓住他们究竟想看什么样的内容，用什么样的方式跟品牌做结合他们才会感兴趣。就算是老中医也不是一开始就能号准脉的，"熟能生巧"的道理从来就没过时过。

⑧做自己品牌的 KOL（关键意见领袖）。

在社交媒体上有一群这样的"媒介"，他们随便一条心情感悟就能让你拍着大腿喊好，他们发一条吐槽就能让一个品牌分分钟投降，他们发一张图就能收获过千点赞。他们有时候喜欢单干，有时候喜欢抱团。他们就是 KOL。

KOL 们所经营的也是自己在几百万、几千万粉丝中的影响力。试想一下，如果你的品牌邀请一位 KOL，将会被这么多的人看到，你要不要邀请呢？

但更好的方式是让品牌做自己的 KOL。就像最好的代言人是品牌 CEO 一样，在社交媒体上，品牌不再是冷冰冰的商品，而是被注以血肉和灵魂，变成一个有思想有态度的"人"，即使不是行业中的 leader，也要有自己的性格存在，有让人记住的亮点，有打动人心的内容产出，被人提起的时候，也是带着一点点骄傲和个性。

（2）如何去生产易于被分享的内容

①信任是分享的根本。

想让你的内容被其他人分享，首先要确保的是你这条内容是可以被信任的。这种信任的建立，可能包括几种方式，比如内容分享者与你是要好的朋友，你们之间有值得信任的关系，基于这层关系，分享的内容更容易被信任；或者内容分享者是某方面的权威或公知，基于这种专业的形象，分享的内容也容易被信服；除去通过关系，如果分享者分享的内容本身符合或基于受众普适的价值观，这种内容也更容易被理解和信服。

②经常让人看到你的消息。

知名度与内容被分享的次数成正比，提高自己分享内容的频率，是提高自己知名度和内容被分享概率的比较快捷的方法。

③激发他们的幽默感。

有趣的、幽默的内容总是容易被分享。幽默感会让人有愉悦的心情，而人在心情愉悦的情况下更容易产生"利他"的心理，也就自然而然地会将带来这份愉悦心情的内容，分享给其他人。

④激发与用户的共同志向。

道不同不相为谋，共同的志向有助于提升其他人的责任感和使命感，激发你的用户对你宣扬的观点的共同志向，有助于激起他们把它传播给更多人的愿望。

⑤保持简单。

人的认知能力千差万别，你不能指望所有人都能读懂你分享的讳莫如深的专业知识，同样，人的耐心也是极为有限，你不能指望所有人都读懂你的长篇大论，所以，尽可能地让你分享的内容足够简单，如果可能，一句话就好。

⑥帮助他们建立关系。

对于社交型的分享者，分享的目的在于能结交更多的朋友，或是通过一些有共同兴趣的话题跟之前的朋友保持联系，如果你的内容本身可以与他们建立更多的联系，那么他们也会很乐意将它分享出去。

⑦帮助他们树立自我。

通过分享这些内容，能帮助分享者在他的圈子里给人一种更博学、更风趣、更活力十足的感觉，帮助他们标榜自我的某种印象。

⑧实效性和惊讶。

人们都喜欢去传播实效性更强的信息，因为相比旧的消息，这些信息知道的人更少，吸引力更大，同时也能标榜自己"前沿"的形象；同样，一些能给人带来惊讶效果的信息同样能带来这样的效果，试想一下，当你看到一条重磅新闻时，你的第一个想法，是不是"我应该赶快把它分享给我的朋友"？

⑨帮助用户思考。

这些内容可能是一句哲言，也可能是一个故事或是一张怀旧的图片，它能给人提供思考的空间或者联想的线索。

> **凯文观点**：利用新闻源、第三方权威平台，做硬推广；深挖品牌理念、创新植入形式，做软内容。

### 3. 社交自媒体的另一个重要用途

很多企业通过互联网、社交媒体述说自认为有用的废话。但是社交媒体不仅仅是述说，更是用来聆听。

品牌通过两种方式与消费者沟通：讲述或者聆听。一百年来，讲述居于统治地位。包括电视，杂志和广告牌在内的媒体都是品牌之口；包括市场研究员和消费者服务代表在内的从业人员都是品牌之耳。品牌之口远胜于品牌之耳。

进入"社交媒体"后，宣传平台是围绕用户生成内容建立的各种社区。大多数品牌都利用社交媒体来讲述。他们发布通告，散发票券，他们梦想可以"无孔不入"。然而，他们忽略了重点。社交媒体不是广播的扩音器而是用于对话的咖啡店。品牌通过社交媒体的讲述并不尽如人意。根据 Interbrand（国际品牌集团）发布的全球品牌榜，可口可乐是世界最具价值的品牌，但根据 Twitter 上粉丝的数量，它的排名只有 1088 名。这与可口可乐无关：Interbrand 全球品牌榜排名前 100 名的品牌没有一个跻身于 Twitter 的 Top100。排名前 100 的 Twitter 包括名人、其他社交媒体以及新闻报道机构——不是销售产品和常规服务的品牌。

社交媒体适用于聆听。用户生成的评论可能是了解消费者对产品的使用感受的最佳途径。对于大多数大众市场产品，尽管你可以招募参与者，但是讨论组也只能提供有限的一些意见。然而，网上几百条的用户评论告诉我的信息比我从市场研究中可能得到的信息还要多，而且不用花钱就能获得这些信息。

品牌也可以利用它来识别竞争对手的优劣，了解感兴趣的产品类别里尚未被满足的需求。那些来自用户内心的事实可以终止关于假设性的争论，并且加快了做出决定的速度。

"社交媒体"的重点不在于"媒体"而在于"社交"。社交媒体也许不能变革产品的推广之路，但是它已经革新了产品的设计之道。

凯文观点：社会化营销并不是一种革命性的营销方式，反而是人性的回归，是以人为本的营销策略。相信在未来消费者会不断地掌握主动权和话语权，不尊重消费者的品牌必将被抛弃。

引爆四

# 互动交流　转换角色

概述：作为一个品牌，需要不断地给其产品注入新的营销概念，不断结合当下新兴的营销手段，用极具创意的互动体验场景一次次给消费者惊喜，一次次地把自己的品牌理念融化进消费者的心智中。

# 01
# 互动体验让被动接受变主动传播

在传统广告时代，广告就像在房间里放广播；在移动互联网时代，品牌从神坛走下来，开始琢磨如何搭建自己的"游乐场"，吸引消费者一起来体验和参与。通过看、听、用、参与的手段，充分刺激和调动消费者的感官、情感、思考、行动、联想等感性因素和理性因素。

进入碎片化时代，人们习惯了在不同屏幕、不同时间、不同地点进行无意识活动，注意力也不断被割裂，形成的碎片记忆已不足以让他们在某个场景中对品牌产生再认知。

因此，塑造用户热衷参与互动的场景，彼此建立联结是品牌要深思熟虑的。只有在连贯的合乎逻辑的场景中，品牌才有可能被用户正确认知或愿意体验和消费。搭建有意思的"游乐场"，用创意营造品牌与用户互动的场景。

以目前较为常见的互动广告形式——广告牌互动为例，斯德哥尔摩DDB 公司曾为麦当劳做了类似的户外广告活动。

基本形式为用户根据户外广告牌的提示，使用手机进入活动网站

Picknplay.se。系统要求用户允许后台抓取用户的地理位置信息，然后输入用户的昵称，紧接着户外广告大屏幕将出现一个类似乒乓球的游戏，用户利用手机控制，只需要让球在广告大屏幕上保持30秒，就可以获得一份麦当劳的优惠券。用户可以凭借发送到手机上的优惠券就近领取奖品。

在该案例中，基于手机用户的普遍性，利用手机媒体和互联网媒体技术的联动支持，使得最广泛的用户群体最大限度地参与其中，并将参与体验的结果转化为实际消费奖励（凭优惠券就近领取奖品），一步完成广告信息认知、广告信息体验、产品消费、活动评价的全部过程。轻松欢乐的体验过程无疑也加深了消费者对麦当劳"欢乐"品牌内涵的理解与认同。

互动户外广告，借助高科技系统，如投影、摄像、虚拟现实、实物制作、LED等技术，将其运用在常见的户外广告媒体上，打破了传统户外广告单调的表现形式和外部形态，将视觉、听觉和触觉等因素融合在一起，吸引受众参与其中，和广告信息进行互动。这一特征能够更加容易地抓住受众的眼球，唤起受众获取信息的兴趣，增强受众的记忆力，加强长时效应。传播过程中的互动特征，从消费者角度体现了"参与和体验"的核心价值。加之其可以做到精确投放和合理的效果评估，因而更能获得广告主的青睐。

得益于经济发展和科技推动，互动户外广告率先于发达国家兴起且发展相对充分，互动设计的形式和类型也日益丰富，如音频互动、游戏互动、搜索互动、人牌互动等均为流行和普及。应用品类覆盖从科技含量高的汽车、电子、通讯类，到日常生活类、化妆品甚至公益宣传。品牌实践证明，互动的特性在吸引消费者关注上显得更有优势。

根据AISAS法则，获取注意力（Attention）是广告发生效果的第一步骤，在海量信息传播时代其重要性显而易见。互动不仅能轻易抓住眼球，更容易发生连锁效应——兴趣（Interest）、搜索（Search）、行动（Action）。最重要的是，在互联网和手机媒体普及的前提下，对广告主而言至关重要的效应——分享（Share）也变得更为轻松。

　　**凯文观点**：在越来越多的品牌出现，买方成为市场主导的时候，发掘、调动消费者的主动性成为市场领先的关键。人的某些需求，要在特定的场景下才会被激发。找到这些场景，就找到了营销机会。

# 02
# 互动体验的营销场景

营销来源于生活，互动营销的优势就在于不局限于某一特定媒体，生活中有很多还没有被企业利用的场景。

## 1. 日常生活小场景

有阳光海滩，当然就有防晒霜。夏天来临，阳光，沙滩，美女，这样一块市场大蛋糕，妮维雅防晒霜自然要大玩一把。

既然巴西人民这么热爱沐浴阳光，那么妮维雅防晒霜的存在意义就是为了让人们更好地享受阳光。怎样实现？身为一个因阳光而生的产品，妮维雅巧用阳光做文章，制作了一张特殊的杂志平面广告，一面是太阳能面板，一面连接着充电接口，手机没电，插上充就 OK 了，简直是在海滩上长时间游玩的必备利器。妮维雅还推出了基于 RFID（无线射频识别）技术的儿童手环应用（类似于儿童定位手表）；把 RFID 芯片整合到宣传单上，妈妈们可以从杂志上直接摘下来，戴在孩子手腕上，接着在手机上配对手环信息，再设定孩子可活动的范围；当孩子远离妈妈设定的范围时，应用就会提醒父母，从而让父母可以愉快地享受阳光，而不用处处担心孩子的安全。这么为消费者考虑的品牌，没有不爱的理由吧？

## 2. 运动、音乐、娱乐场景

Toyota 以"找回驾驶的快感"之名在布拉格市区开展了一项"The Musical City"的互动活动。Toyota 打着广告试镜的幌子招募到了许多年轻人，将布拉格市中心的街道路牌全部替换成耳熟能详的曲目名称。每一个十字路口都会出现新的路牌。试驾的新车中 GPS 做了语音调试，每每转向一条新的街道播放的不是路况信息而是对应街道路标的歌曲。试镜者不管是只身前往，还是邀约上好友，都情不自禁被车体内的立体环绕歌声所带动，不由得跟着节奏一起哼唱（遇上不会的还能立马转向）。你的车厢你做主，这股劲儿比在 KTV 唱歌还要豪迈吧！

来试镜的各位在不知情的情况下，已然成为了广告片的男女主角，同时也传达了想要带给大家的信息，你在驾驶新款 Toyota 时，能将激情与好心情带入生命中。

雀巢旗下 Contrex 矿泉水广场自行车互动堪称是幽默娱乐、简单有趣的经典。

具有瘦身和减肥作用的法国矿泉水品牌 Contrex，一直在寻求通过男女生的线下互动，传递减肥瘦身的秘密。他们在某个繁华广场，放上一排粉色跑步自行车，当有人踩动的时候，旁边的装置就会投射荧光影像，当然最有趣的地方是画面中的男子会随着大家踩动的能量一件一件地脱掉衣服，女士们都疯狂地踩跑步机车，而在最后，当脱到最后一件的时候，男子私密部位取而代之的是广告语"bravo vous avez depense 2000 calories"（恭喜！你已消耗了 2000 卡路里！）。雀巢用这样一个幽默的小玩笑轻松地把运动健身以及 Contrex 矿泉水减肥瘦身的产品理念传达了出去。

### 3. 消费场景

Ribeiro 是一家阿根廷零售商，他们的特点是购买商品可以小额分期付款。考虑到阿根廷的国民经济并不富裕，他们认为坐出租是很浪费的，那笔车钱完全可以用来买更需要的东西。于是他们改动了在阿根廷首都布宜诺斯艾利斯的出租车计费器——开始计费时，前座屏幕也开始跑动。实时显示你可以用这钱购买的产品。活动诱人的地方在于，出租车小票可以直接作为分期购买产品的首付款！平白省下一笔钱！

有意思的是，为了得到这样的优惠，很多人开始更多地指定 Ribeiro 出租车。也有乘客已经到达目的地，还请司机继续往前开。在活动开始的第二周，已经有超过 450 人拿着出租车小票到 Ribeiro 购物。

瑞典星巴克为消费者提出了一个"改变消费习惯"的主意——他们为星巴克创作了一个手机应用叫作"早起的鸟儿"。出于许多白领喜欢在被闹钟吵醒后狠狠按下"小睡"键继续打盹的行为习惯，他们鼓励白领按下"起床"键并立刻爬起来，因为一旦按下"起床"键后，用户就有机会在就近的星巴克获得一杯打折咖啡，但条件是必须在 1 小时内赶到，迟到作废。

可以说这不仅改变了消费者的消费习惯，甚至潜移默化地在改变他们的生活作息！

### 4. 节日场景

这年头，商家都拼命利用节日进行促销，连半周年庆都能被某电商拿出来做促销噱头。除了传统的节日，网络上还出现了很多新奇有趣的节日。但有没有节日不重要（"造节"还少吗？），能不能在节日中挖掘到好点子才重要。

儿童节当天，在麦当劳你可以像孩子一样与收银员玩一把剪刀石头布，如果赢了就给你免单。每一个顾客都沉浸在欢乐的氛围中，放肆地享受着儿童节的趣味。足够简单，足够有趣。

Wilkinson 剃须刀在情人节当天在户外搭建了一个广告牌。广告牌上男士的一根根风中傲立的胡茬看上去十分刺眼，好奇的人们忍不住拔一根出来，惊喜发生，原来是一支娇鲜欲滴的玫瑰，送给身边的另一半吧。当一根根的胡茬被拔去后，男士的面部就像用剃须刀剃过一样平滑干净，如此暖心的情人节宣传，让男士挣足面子（日常生活的剃须护理和情人节的意外惊喜），让女友备感浪漫，也更好地传递了品牌的产品，简单直接。

### 5. 其他特定场景

作为一家全球化的家居品牌，宜家在家居行业以及消费者心目中享有盛誉，宜家凭借的不仅仅是设计简约的产品，还有独特的展示方法。

一张柔软舒适的大床，恐怕是仅次于爆米花、可乐的第三大配电影佳品了。宜家为了宣传自己，早已经走出了卖场，走上了街头，公交车身、地铁中转大厅和火车站站台……宜家敢把样板间布置到这些看起来完全不搭调的地方，把公交车站台变成了自己产品的展示区，连沙发上的价格成分标签都没有拿走。地铁通常都是一个很有压力、拥挤、阴冷又暗淡的环境。宜家给这样一个意想不到的地方带来色彩和舒适感，让家居装饰专业技能的附加值变得温情化。地铁的人流量也让宜家在单一的地方就能获得大量的广告用户。

宜家甚至走进了电影院。真皮沙发、情侣专座都嫌不够，直接放上了自家的 1.8 米大床附赠床上 4 件套，躺在舒适的大床上看电影，进去的人躺得开心，对宜家的好感又多了一分。

一般的家居店不允许消费者随便触摸或试用产品，宜家则恰恰相反：你可以走进厨房，拉开抽屉，甚至走进卧室躺在床上体验一番"家"的感觉；同时，宜家店内还提供了多样美味的餐饮服务，顾客在逛宜家的同时能够便捷地在店内用餐，增添了一分"家"的味道与温馨。可以说，独特的产品设计、人性化的居家式店铺陈设和多样美味的餐饮服务构成了宜家独特的体验式营销载体，这也是其营销战略的撒手铜。

当顾客由"功能消费"步入"符号消费"时代，产品设计和购买过程中附带的价值及情感诉求便成为他们关注的焦点。凭借独特的三位一体式互动体验营销策略，宜家发挥了"1+1+1>3"的整体功效。

都说男人不懂大姨妈，女人不懂蛋疼。生理构造的不同注定了有些感觉男女之间无法感同身受。但科技和创意可以弥补这一点。

阿根廷 Huggies 花费了 4 个月的时间研究出一种可实时监控母亲胎动的"腰带"，孩子在母亲肚子里踢了一脚、转了个身，都能即时传递给父亲，让他也能感受到这个小生命的讯息。有的父亲，甚至感动落泪。

视频网站上每段视频前都有讨厌的广告，用户要么关掉声音，要么做别的事情，总之看的概率不大，而且对广告主不会有任何好感，农夫山泉抓住这一消费者洞察，让自己的网络视频广告可以关闭，第一个"吃螃蟹"的总是让人印象深刻。后来养生堂也投放了可以关闭的广告，用户都误当成是农夫山泉的广告直接跳过了。后续的可关闭广告，都不会像农夫山泉这次给人眼前一亮的新鲜感。直接选择可以跳过广告真拉好感，而且广告本身的内容也不惹人嫌。

> **凯文观点：** 消费是整个商业链条中的关键环节，品牌要利用消费环节进行一些有意思的互动体验，给予消费者利益。量体裁衣进行互动，为每位消费者提供表达的机会与权利，才能点燃消费者对品牌的情感。

# 03
# 如何做互动营销

　　任何的营销方式都存在一定陷阱与误区，互动营销也不例外。成功营销是建立在清晰的营销目的、精确的消费者洞察、正确的营销策略基础之上的。

## 1. 互动营销几个常见误区

　　互动营销是基于人的传播，是基于目标用户群体的传播，是基于对品牌粉丝的传播。没有建立良好的关系，没有花时间维护好关系，没有主动与潜在消费者拉近距离互动，很难将互动营销做到极致。

　　（1）盲目的跟风互动营销模式

　　在激烈的竞争环境下，互动营销的低成本高产出特点给人一种兴旺发达的现象，于是就出现了羊群效应。我们经常遇到一个现象，行业内某一个营销案例做得比较成功，很多品牌就在没有考虑周全的情况下，急不可待地推送类似的营销方案。这种现象是从众心理在作怪。

　　（2）互动场景投放不合理

　　社会化媒体阵地各有长短。以微博、BBS、博客三种社会化媒体为例，论坛活跃度较高，参与门槛低，粉丝互动性强，信息查找检索比较方便，但是公信力和权威性略差；微博短、平、快，适用于信息的快速传播，辐射范围广，权威性较高，但是碎片化信息传递，不便于信息的检索查找，字数限制了话题的深度；博客权威性和公信力很高，话题能深度剖析，信息查找检索比较方便，但互动性又不如微博和论坛。从三种社会化媒体的特征不难看出，它们之间形成了良好的互补，彼此之间是一个网状结构体系，单独的一个阵地发挥作用不太完美，交织整合在一起才能网鱼。事实上，很多所谓的互动营销方案其实只是一个微博或者论坛营销方案，并不是真正的互动营销。

微博、微信是一个二维世界，易于传播信息而难于体验；现实中的实体店，利于体验，而现实中线上与线下是结合的，线下产生体验，再反馈到社交媒体进行线上信息的快速传播。

（3）追求互动量而非提升互动人群整体质量

创造几个大量转发评论并不困难，难的是长期持续稳定地与用户进行真正的互动。因此，互动营销前期一定要对产品、市场、消费者进行调研分析，洞察消费心理，了解消费者的兴趣特点，分析判断目标人群的网络驻扎地，然后再根据品牌调性和产品特征策划营销创意。

（4）重营销轻互动

无论什么样的创意，营销的最终载体还是在产品层面，因此产品的定位决定其用户群体，一次营销活动用户能否接受，能否持续产生二次传播和口碑效应，都是取决于对目标用户群体的捕获是否精准，只有精准才有互动。但现实中很多互动营销从业者，都是为了营销而营销。一个优秀的互动营销创意，是在敏锐的洞察市场机会后，分清利弊，结合品牌的发展策略，同时又能为产品的目标用户群体接受。这样多管齐下，步步为营，才能成功。

成功营销的背后，是清晰的营销目的、精确的消费者洞察、正确的营销策略。

首先，要有清晰的营销目的。

营销目的有很多层次，简而言之有两个，品牌和销量。品牌印象一定要是积极的，而非负面的。销量也尽量分清楚是一次购买，还是重复购买。品牌印象的作用可能不会很快体现在销量上，但最终一定会影响销量，销量的提升未必见得能够提高品牌印象。要分清楚营销的主体，到底是整个品牌的宣传，还是单品宣传？或者希望单品去带动全系列全品牌？

其次，要精准洞察消费者需求。

精确的消费者洞察是营销创意的起点。可能我们每天都美其名曰在做消费者研究，但真正能洞察到消费者需求的，少之又少。原因有 3 个：

①容易被内部各种杂事所缠绕，无法分出精力去研究最基本的消费者洞察。

②容易有强烈的代入感，以为自己是品牌的消费者，轻率地以自己的感受去推断目标消费者的需求。

③容易被数字绑架。因为有市场调研公司的帮助，很多甲方都不愿意自己动脑子，容易简单地被数字忽悠。实际工作中有个诡异的现象——越是不动脑子的人，越容易执着于数字；越是动脑子的人，反而越容易妥协。长此以往，劣币驱逐良币。

最后，制定正确的营销策略。

营销策略就是实现营销目的的打法——是正面出击，还是侧翼围剿？或是出奇兵突围？这些打法决定了我们选择哪些媒介？做什么频率的推广？用什么样的 KOL/ 大 V ？和什么活动互相配合？

> **凯文观点：** 互动体验营销的核心在于与消费者之间的交互，要和消费者建立一对一的良性互动沟通。

## 2. 互动体验营销六大技巧

如何围绕品牌内涵与品牌文化进行互动营销，要把握如何在过程中调控、升温、促成活跃的互动；更高一层级的是，让参与者记住互动营销所要表现的东西；如果能让该参与者主动同他身边的人分享，那么效果更佳。

（1）参与互动的便捷性

实施互动体验营销，就是要访问者参与其中。互动体验营销是要访问者很方便地参与其中，而不是要经过复杂的过程才能参与其中，否则访问者参与互动的概率就会小很多，人是有惰性的，特别是网民，其惰性更大，参与互动比较复杂，就会点点鼠标离开，不会参与其中。通过各个流程的参与可以较容易得到奖品，如果这时奖品不够吸引人，流程又复杂，网民的参与力就会大大地下降。比如申请试用产品、参与调查等，应该要便捷，申请表格应该简单明了，不涉及隐私等。但有的时候也可以适当地增加难度，提高互动的娱乐性、挑战性。总之就是互动的规则要简单，但是内容的复杂程度就要看个人的修为了。

（2）互动主题要有吸引力

做营销前要确定体验主题。之所以要确定体验主题，就是要更加精准地定位，将品牌最佳的诉求传递给目标消费群体。在确定主题之后，品牌要添加具有创新精神的元素到体验中去，这样才更能够吸引消费者的注意。主题鲜明的户外创意体验活动能够加深消费者的体验程度，能够让消费者每次参加都加深一次对品牌的认识，也能更深地记住品牌的诉求点。

互动主题的吸引力是互动体验营销中很重要的一个环节，一场活动的主题或是一个广告的口号足够吸引人，关注度就会提高。

①主题要有创新的设计。实践证明，越容易引起人们兴趣的事物，其被长久记忆的概率也大大增加。设计主题可以不拘小节，多种多样。

②主题要有针对性。互动主题应该围绕一个中心点来开展。要做到顾

客一看到互动的主题立刻就能想到我们所要顾客了解的事物。

③主题要健康向上。积极健康向上的主题能使得互动主题活动得到意义上的升华。给消费者留下一个良好的印象，从而拉近品牌和消费者之间的距离。

（3）情感共鸣为先，利益好处为辅

在互动体验营销的两个行为主体中，"品牌"和"消费者"产生关联的载体形式随着互联网技术发展而呈现多样化，无论是交互理念的应用还是表现形式的选择，最终目的都为了更好地关联品牌和消费者。我们认为，通过互动体验营销而完成的这一目的在于互动过程中交互层次的深浅以及交互过程中消费者对品牌情感沉淀的厚度。

一次成功的互动体验营销离不开成功的情感诱导。互动体验营销的主体是人，品牌如何利用人的喜怒哀乐等情感来促使其产生交互行为的关键。

瑞典邮政系统为了突出自己的快递速度，开展了"你说我写"的互动体验营销活动，他们开发了一个网站 Pratpost.se，年轻人只需要对着电脑讲话，系统就会翻译成文字，"写"在纸上，用户可以选择字体的类别，要浪漫一点的字体，还是普通的字体，等等。当用户说完要邮寄的书信，填写邮寄地址，瑞典邮政就会帮这些人把这些书信打印出来，最快第二天就可以送达收信人。这个有趣的互动活动帮助消费者在参加过程中获得乐趣，传递快乐等积极情感。

（4）用户体验要好

互动体验营销更要注重其用户体验。如果其用户体验不好，是不可能成为品牌的潜在客户或准客户的，这就会与互动体验营销的目的相违了。这个"用户体验"传达的愉悦和实惠越强烈，越持久，越个性化，用户越能与品牌建立强大的牢不可破的联系。品牌的整个互动过程一旦让访问者感觉良好，他们便会推荐身边的朋友一起参与，这样不仅能增加参与人数，还提升了知名度。因此必须精心选择营销载体，巧妙融入产品。确保让消费者愿意尝试参与体验。品牌首先需要根据消费者的偏好选择一个载体；

其次，模拟消费者的行为轨迹，以寻找体验过程中与消费者所有的接触点；再次，研究这些点并量身定制产品和服务，通过每个点的体验建立起品牌在消费者心中的不同印象；最终达到产品在消费者心中占据一席之地。

品牌在互动体验营销中不仅要达到传播的目的，还要保证传播的效果，时时跟进访问者的用户体验效果，听取访问者给予的意见，必要时调整营销策略。这样基本上就实现了要达到的互动目标。

（5）品牌至上

广告是一种信息传播活动，通过媒介将产品、服务或品牌的信息传达给目标受众。传播主题和传播技术之间的关系犹如内容与形式的关系，传播技术的创新使传播形式更加生动多样，但其最终目的仍然在于准确表达传播主题。

一个好的广告，既要有传播形式上的创新，更要有传播内容上的创意，需要内容和形式的统一。互动户外广告的内容创意要遵循基本的创作原则——首要就是相关性。人们能记住广告或者某些广告场景，却记不住品牌，这样的现象时有发生，问题的关键在于广告与品牌的关联度。对于互动户外广告而言，如果受众仅仅是获得了户外广告带来的炫目、刺激的技术体验而非品牌内容，就难以达到预期的广告传播效果。

因此，挖掘品牌特性，使受众形成的广告印象与品牌之间产生关系，加强受众对品牌的记忆程度，增加品牌黏性，这是互动户外广告创意中应该时刻把握的关键。寻找消费者需求与产品、服务或品牌的结合点。与传统营销相比，互动体验营销更加注重消费者的感受。创意互动活动要能够做到深入人心，要将消费者的内在需求与品牌的产品或服务结合起来，找到一个契合点，这样才能够在更深的层次上打动消费者，产生共鸣。

（6）整合传播

如何让广告信息持久地在受众头脑中发挥作用？单凭一个广告、一次传播显然力不从心。每个人的新鲜感最多维持 72 个小时就会消失，特别是面对纷繁嘈杂的信息海洋和激烈的市场竞争环境，广告信息很容易被淹没其中。要解决这个问题有两种思路。第一，单个广告的多频次传播。这种重复广告曝光会不断强化记忆，但同时可能造成审美疲劳和创意耗损的问题。第二，利用多种形式的传播渠道向受众传达信息。信息主题是统一的，获得信息的形式、场合、环境、心境则不同。多次记忆点的重复累积，避免了单一形式传播的乏味感，以达到强化记忆的效果。在确定传播目标的前提下，充分运用和组合一切可以实现传播目的的渠道和通路，如广告、促销、公关、直销、包装、新闻媒体等。互动体验营销和其他媒体广告相互配合、综合发力，共同实现品牌传播的目的。

> **凯文观点**：合理安排情感、利益诱因能较好地吸引消费者参与，并持续完成互动流程。

# 04
# 互动营销的独特新玩法

*硬生生的广告宣传，催眠式的营销轰炸，这些玩法还能唬住多少消费者？品牌要掌握新技术，开发新玩法，设置巧妙的场景，打通线上线下，在互动中让消费者玩得痛快，在此过程中自然而然地积聚品牌势能。*

## 1. 小 Wi-Fi，大平台

2014 年 4 月，F1 中国大奖赛来到上海，20 万观众亲临现场。作为世界三大顶级体育赛事之一，也是商业化最显著的赛事，各大 F1 赞助商重金投入，用各种横幅广告和路展活动包围整个赛场。PUMA 作为 F1 法拉利车队和梅赛德斯奔驰车队的全球赞助商之一，希望能从现场近 30 个赞助品牌中脱颖而出，加强观众对他们赞助的知晓率。

通过调查发现，中国观众在 F1 比赛前和比赛中都会花很多时间在自己的手机上。他们一边观看比赛，一边利用手机发微博、分享照片、关注 F1 实时新闻和评论等等。20 万现场观众 =20 万手机屏幕。PUMA 顺势推出了前所未有的 Wi-Fi 实时排名榜，在观众习惯性搜索无线信号的时候，将 PUMA 赞助信息和车手成绩实时地带到他们的手机屏幕上。

第 1 步：在赛场的每个看台都安置了 10 个一组的 Wi-Fi 发射器，观众在习惯性搜索现场 Wi-Fi 信号时就能看到。

第 2 步：将 10 个无线 Wi-Fi 发射器依次以前 10 位车手的名字（F1 比赛缩写）命名，并突出 PUMA 赞助车队的车手。

第 3 步：比赛开始，远程接入 Wi-Fi 发射器，通过修改 Wi-Fi 命名，将每一圈比赛信息（包括车手排名、上圈成绩等）带给观众。并且根据比赛进程，每圈实时更新。

比赛结束，PUMA 赞助的两大车队四位车手中的三位夺得了上海站的前三名，Wi-Fi 排名也最终定格在这一刻。

没有高额投入的大范围广告，但通过这个创新，利用免费的手机屏幕和全新的移动体验，将品牌曝光和深度互动带到 20 万现场观众面前。赛后 PUMA 客户调研数据显示，PUMA 对法拉利和梅赛德斯奔驰两大车队的赞助，在车迷中的知晓率从 42% 提升到 78%，远超过活动前设定的预期。

## 2. 应用新技术进行互动

创新的技术令沟通变得更有利，它改变营销原有的"味道"，更着重于用户的兴趣和偏好。而这样的模式，使我们能获得更有效的回报。技术将来会提供给大众更多的娱乐性和参与度。

面部识别技术。

刷脸吃饭——手机百度外卖互动体验营销。

O2O，是移动互联网开辟线上与线下消费整合的一项全新领域，也是移动互联网进军传统消费行业的一个新突破口，百度为 6 亿网民提供搜索服务的 APP——手机百度，应该如何撬开移动互联网 O2O 市场？

俗话说"长得好看能当饭吃""靠脸吃饭"，通过分析，用户在手机上的高频行为就是拍照，在吃饭时也喜欢自拍、拍美食分享，百度黑科技中重要的一项研究就是人脸识别技术，借用人脸识别技术，与移动行为"拍照"相结合，再巧妙地嫁接到外卖，将根深蒂固的搜索需求，转化为消费需求。

第一步：为"看长相"造势，用户通过搜索"外卖"，参与刷脸吃饭的互动环节，每个自拍照人脸识别技术都会以标准模版给出相应的长相分数，激起人对自我长相的关注力，形成强自传播力；另一方面，通过向公众描述人脸识别技术的应用场景（人脸身份证、钥匙、银行信息、新时代社交），让更多人了解手机百度有关"人脸识别"技术的发展和未来走势，加深公众对手机百度更科技、更未来的品牌印象。

第二步：突出"靠长相领钱"的独具一格性，将小面额的优惠券植入到人脸中，根据长相分数，产生相应优惠券。

第三步：加强"有意思的外卖"O2O消费行为沉淀，引出手机百度的外卖体系，包括"小龙虾、火锅、进口水果"在内的独具特色的外卖，都引进到手机百度外卖中，让真正靠脸吃饭的人，吃便宜点，吃好点。

第四步：进一步出击"不可能的外卖"，将手机百度的外卖做差异化处理，结合线下，手机百度豪华外卖餐车也在北京各大写字楼商圈进行游走，凡是在手机百度上订外卖的用户，都可能被接到豪华外卖餐车上，体验超级外卖机会，更有米其林大厨亲自烹调。同时推出各种外卖爆款，比如黯然销魂蛋炒饭等，将手机百度外卖的菜品多样性和独特性展现出来。

活动在全国范围内引发了巨大反响，仅微博评论转发数就超过1200万，微信转发次数和评论数达689万。活动上传图片4500万张。重复参与率为13次/人，有近10万人重复参与，单人上传超过20张。为手机百度"外卖"的介绍量，从每日300次，提升到每日70万次，手机百度产生的外卖订单，从0增长到16万单。

## 3. 以手机为轴心的多屏互动

超级女声当年之所以能够在万千栏目中脱引而出，就是采用手机短信+电视的互动，增加栏目与受众的互动性，使大众成为了媒体内容的主角，更何况在移动互联网的今天，手机决不能忽视。

（1）手机＋电视

多屏互动技术的出现让品牌商可建立起以手机为轴心的屏与电视屏、PC屏之间的链接和交互，将手机、电视、PC的场景各自串联起来，构建新的互动场景，并完成注意力的合谋。在上述前提下，用户可以通过移动端扫一扫，摇一摇等应用直接参与电视节目，所创建的双屏互动场景给观众带来全新的体验（如抢红包，礼券，积分，弹幕），也将用户移动端的注意力与电视等屏都连接起来，在连贯的场景体验中，很好地让用户感知品牌。

美国超级碗相当于中国春晚，广告主花几百万美元打广告，就是要覆盖这几亿人。那些没买着的广告主也不想放过这次机会，但不打广告怎么做活动呢？

沃尔沃汽车想出一个损招，他们今年没有买超级碗广告，但把省下来的几百万美元，兑换成沃尔沃汽车送给用户。

怎么送？利用手机Tweet加上PC的双屏互动，邀请用户在观看超级碗的时候，如果看到其他汽车广告，那么立刻发布Tweet，内容是【汽车品牌名＋关键字#VolovContest+理由】，那么就有机会赢得沃尔沃汽车一辆。就比如说，电视上正在播丰田汽车广告，用户拿起手机发送微博内容【丰田#VolovContest+送给×××】就有机会赢车！

等于说，用户为了赢得汽车，基本都不会看广告，立刻就拿起手机发微博了！沃尔沃让竞争对手的广告费全部打了水漂，还让用户得到了实实在在的优惠，轻轻松松转败为胜。

（2）手机＋PC

事实上，手机与PC具有高度重合的使用场景，而手机具备的灵活便携刚好是PC的短板，PC多样化且宽视觉的体验是手机不能达到的，将两者进行优势互补，从而塑造了一个给用户带来更具视觉、参与感、互动性的全新的互动场景体验。

为了帮助那些贫困地区未能上学的孩子，代理商西班牙奥美互动创建了一个活动网站，是一个关于小男孩实现梦想，最后登上太空的故事。用户可以通过手机或者平板控制 PC 屏幕中的剧情的走向。

电脑屏幕中有两个故事版本，一个因辍学而落魄，一个上学从而赢娶白富美出任 CEO 走上人生巅峰。用户只要翻转手机便可以在这两个故事中切换，活动希望通过这样的方式来号召用户进行捐赠，为小男孩实现梦想，告诉用户这些孩子的命运其实就掌握在你手中，翻转他们的命运吧！

（3）基于手机 GPS 功能的线下定位互动

基于 GPS 技术的创意广告，在国外并不少见。品牌商通常将产品以产品上的 GPS 与用户的手机 GPS 进行连接，创建品牌与用户基于本地的线下场景互动体验。东京车展上，BMW Japan 的 CEO 一声令下，开始了为期 9 天的宣传活动。该广告最大的卖点在于，利用智能手机上的 GPS 功能捕捉 MINI 最新款双门轿跑车！参与者需要先下载一个 APP，可以在地图上看到猎物——也就是虚拟 MINI COUPÉ 的位置，如果你和虚拟 MINI COUPÉ 的距离在 50 米以内，就可以捕捉到它。

如果你有幸捕捉到它，你就拥有了虚拟 MINI COUPÉ，但也同时成为了猎物，其他人会想方设法来捕捉你手上的 MINI COUPÉ。雷达就是参与者智能手机中的应用程序，各玩家通过 GPS 实时连接。

这项活动历时 9 天，在 9 天中，这辆虚拟 MINI COUPÉ 多次易手，被人们抢来抢去。9 天后，这项活动结束时，最终拥有虚拟 MINI COUPÉ 的玩家就可以得到一台真正的 MINI COUPÉ！这是一个规则非常简单的游戏，但是成功吸引了各方的关注。

（4）好玩有趣的 HTML5 互动

HTML5 如今已成为品牌与用户连接的互动方式，其故事化、强互动、参与感、场景带入、社交性的特点成为品牌与用户互动场景构建的最佳桥梁之一。

基于社交媒体的 HTML5 游戏互动。

HTML5 游戏火于微信，成长于微信。在微信上，每天我们都能碰上带有不同目的的 HTML5 游戏，我们将这些目的称为商业场景。一般的，线上商业场景包括商城引流、微信关注、品牌传播、收集线索。但要完成这些目的，品牌商需要设置一个有故事情节和场景带入的游戏。因为用户在体验游戏中，是不自觉将自己带入游戏角色中的，用户有带入感则有利于感知品牌，进而才可能完成你的商业目的。

提到杜蕾斯，想必大家就立刻联想到追热点，但其实杜蕾斯所做的远比追热点更多。我们看看杜蕾斯是怎样将 HTML5 玩出新意的！

结合即将到来的七夕推出的杜杜告白练习器，用户通过按住手机屏幕上的按键大声读出情话来获得杜蕾斯独家定制盒和代金券。将时下热点与品牌调性完美贴合，对杜蕾斯的定制盒起到了一次绝佳的推广。

杜蕾斯还结合流行的秘密花园涂色游戏推出秘密花园版定制盒，用户通过自己涂色来体验其中乐趣，并可直接进行购买，从而对秘密花园版订制盒进行直接有效的宣传和促销。

五一劳动节，也是结合了摇一摇这个功能做双屏的互动，测测两个人之间的配对指数，比如一个用户摇出"深"这个字，另外一个摇出"痴"这个词，之后还能定制属于你们之间的杜杜包装盒，图案、文字都是由用户自己选择和填写，很有私人定制的感觉。

HTML5+ 线下场景互动。

线下场景是用户现实中的活动场所，地铁、公交、商场、展会……而如上 HTML5 的特点则有利于将这些场景进行重组，将品牌通过手机端与这些场景进行组合，形成聚拢效应。麦当劳绝对是户外交互广告的大咖，马来西亚进入夏季，天气高温炎热，麦当劳为促销其冰激凌，在十字路口红绿灯处和用户玩了一次小游戏：派人在路口挂广告牌宣传，指导用户进行交互；用户在手机上输入地址进行交互，转动手机上的风扇，广告牌上的风扇也会转动起来；越多人参与，装满冰激凌的甜筒就不会融化，在炎热的街口给大家扇凉风的同时参与的人还能获得免费甜筒一份。

基于上面案例的启示，我们可以联想，在用户消费场景中，有哪些场景可以结合 HTML5。餐饮、电影、KTV 等等或许都可以接入。如果你细心就会发现，每次你去吃饭门口都坐满了人，并且大家都在拿出手机来消磨等候的时间，电影院也是如此，其实这些碎片时间正是一个极好的机会。

比如，商家在餐厅的排位现场通过 HTML5 游戏进行餐座座位竞争或者免单或者优惠的活动，一是调动大家的气氛、缓解等待的焦虑情绪；二是增加顾客对门店好感，制造回头消费机会。而电影院可以通过 HTML5 结合新片上映活动，整合线上线下进行。知名连锁餐饮品牌海底捞在这方面就做得不错，他们在自己的微信公众号接入了 HTML5 游戏，顾客在等待之余可以借此消磨时间，同时以优惠券作为奖励。

（5）手机 APP

喝水对孩子来说，无趣又乏味，甚至有些排斥。家长们想尽办法，试图激发孩子对喝水的兴趣。但孩子离开家长的视线后，是否能够按时按量喝水，成了家长困扰已久的问题。如何才能让孩子爱上喝水，并且家长能实时掌握呢？

为了解决这个问题，一款搭载了"虚拟宠物"的智能水杯——Bean Spout 顺势而生。

家长们可在 APP 中设置饮水模式，并让孩子选择自己最爱的"杯中精灵"。随着饮水量不断增加，精灵也会不断成长、进化。从而激发孩子对喝水的兴趣。

当 Bean Spout 连接到无线网络时，精准的饮水数据将会自动上传至云端，父母可随时在 APP 中查看孩子的饮水状况。

> **凯文观点**："构建一个支点""凸显一个亮点""塑造一个焦点"，永远要确保让用户参与进来。新技术驱动让品牌能通过创意和技术的结合进行场景重塑，构建品牌与用户相互对话的新沟通环境，从而加深用户对品牌的深入认知和情感联结。

# 05
# 引导用户与用户的互动

其实品牌还可以运筹帷幄中，引导用户与用户的互动。

　　基于社会化网站的营销形态，是基于人和人之间的真实关系所展开的互动。消费者在分享、交流的过程中形成口碑效应，关系网使信息覆盖面成倍扩大，再加上普遍的从众心理导向，用户与用户之间相互效仿，积极传播。

　　随着社会化媒体的普及，许多媒体形态应运而生，依托这些媒体开展的互动体验营销活动也更加重视用户之间关系的价值。广告主试图通过社交化模式与消费者建立高黏度关系，实现沟通对话的平台，因此，制造用户与用户的互动便成为了广告主普遍偏好的互动体验营销形式之一。

　　其中最为典型的例子要数目前火热的微博营销、微信营销，利用社交网站制造消费者之间的互动似乎已经成为广告主开展营销活动的"标准范式"。

　　ALS 冰桶挑战可以说是 2014 年夏天的大赢家，它由国外传入，并经国内最大的社交平台微博不断发酵。率先接受挑战的，是科技界类似于周鸿祎、雷军、李彦宏这样的大佬们。而后，娱乐圈的各路明星也纷纷加入活动，使冰桶挑战的热度持续升温。围观的群众表示虽然自己被点到名的可能性非常之小，但看着平日里高高在上的名人们发如此亲民又好玩的视频实乃一大乐趣。

ALS 中文全称是"肌萎缩侧索硬化症"，患有此病的波士顿学院的著名棒球运动员 Pete Frates 希望更多人能够关注到这一疾病，于是发起冰桶挑战。ALS 冰桶挑战是一次公益与营销十分有效的结合，可能 Pete Frates 在发起这项活动时都想没有料想到会有如此疯狂的传播，这也算是无心插柳柳成荫。不少品牌也纷纷依靠此活动借势营销。

活动本身就有让人分享的欲望，这是任何能够引爆事物最关键的点。

公益慈善主题明确，就是让你体验一下 ALS 患者的感受或者向他们捐款（这是重点，分享的价值体现，如果缺少这个公益主题，这样的活动不会火起来）。

参与方式简单，也有趣，有看点（名人出糗）；抓住点名挑战他人的心态，1:3 的规则，内置传播机制；有了第一个 KOL 参与，获得了足够的关注度。

让用户与用户互动的方法主要有：

（1）组织一些独特的竞赛

竞赛是很常见的，所以重要的是要站出来，为你的品牌做一些不同的或是不寻常的事情。想出一些你的粉丝想参与的活动竞赛，你可以利用用户的竞争心理、归属认知等，激发更多的参与和讨论。

人们会把垃圾丢在地上的原因是什么？

A. 他们素质低？ B. 地球的万有引力大？ C. 垃圾箱的魅力不够？

英国的 Hubbub 组织选了 C。看起来是找错了源头，却是非常聪明的逻辑。为了让伦敦的街道整洁如初，他们发起了一个非常机智的 # neatstreet 活动。利用英国大选的社会热点事件，在街头安放投票装置，让路过的民众用手中的烟头进行投票，选择自己心中的候选人。相对于死板生硬且收效不大的说教，利用一个信息的互动，成功将"丢垃圾"这一强制性行为，变成了一个"投票"的主动性行为。总之不要强迫他们去做什么，因为越压迫越反抗，要学会合理地诱导用户行为。

你可以让用户与用户竞争，也可以和用户打个赌。

当然你还可以利用用户的民族荣誉感，玩次大的。

"跨国拔河"这一主题够不够噱头。源自美国纽约的酷乐仕维他命水，一直主打时尚、活力和能量。它们发起了一次内容独特、主题新颖的跨国拔河比赛，东京 VS 纽约，如此遥远的"世界的另一边"，却能一起拔河。

两地的人民面对的都是一口井似的仪器，仪器下端连接着重物。两国的人民拉着地面上的绳子，仪器计算队伍有多大的力，通过互联网和量化测量功率绳子上的力，然后进行差时响应，从而将世界两端的人连接起来，当大家为民族挥汗如雨之后，一瓶充满活力的酷乐仕维他命水就在你身边，"跨国拔河"这么具有噱头的话题也会轻松得到媒体的免费推广，让更多的人知道你。

（2）鼓励用户创造内容

用户所创造的内容（UGC）是让你的粉丝主动参与你分享内容的一个很好的方式。

"杜甫很忙"系列画作，一路从微博爆红到台湾，神手将杜甫改造成各种模样，开始就只是网上流传的几张图，结果是全面爆红！

为什么"杜甫很忙"能成功地从众多的案例中脱颖而出。

①恶搞的图文在网络上总是相当受欢迎。尤其现在网络上有各式各样的粉丝团或网站，专注于分享这类的图文，让人们更轻易地能够接触到这类的讯息。

②杜甫是知名人物，名人的消息是大家关注的焦点。

③素材易被重制与分享，图片绝对比影片或是文章容易获得赞和分享，因为网友不需要花太多时间就能看完，并且理解其中的笑点，很容易就会点赞。

而且"改图"是大家熟悉的网络文化，以台湾来说，类似的课本涂鸦图在网络上已流传许久，当素材容易被大量重制，就能提升话题的延烧时间，让更多人看到与讨论。

杜甫很忙这一事件，虽然很火，但是却忘记了营销的初衷，此次事件是为了引起大家对杜甫的关心，帮一个博物馆所策划的活动，但是博物馆完全没有存在感，因为没有很好地把用户关注转移到品牌上来。然而，你可以参考别的成功品牌来发挥你的创造力。星巴克的"white cup contest"就是一个很成功的 UGC 竞赛的案例。

2014 年 4 月，向来很会玩营销的星巴克办了一个 White Cup Contest，邀请热爱 doodle 手绘的消费者，在星巴克的白纸杯上涂鸦，只要透过 twitter 或是 instagram，上传你手绘纸杯的照片，加上 hashtag #WhiteCupContest，就完成报名了，最后会选出一名优胜者，独得奖金。UGC 活动机制、评审或是奖项的规划，大部分的品牌其实都已经做得很完善，这也不是讨论的重点，重点是星巴克怎么利用旗下各个官方社交媒体的特性，整合出一个完整的案子这件事。

秘诀一：利用社群媒体不同的特性，整合活动最大效果。

MyStarbucks Idea：用来收集意见，公告活动办法（活动办法很长又巨细弥遗，有兴趣的人可以一探）。

twitter：作为报名平台，通报活动进度，扩散及吸纳粉丝（报名时就强制要关注星巴克的 twitter）。

instagram：作为报名平台，方便手机上传及扩散。

Pinterest：展现网友创作的内容，将值得推荐的作品汇整。

facebook：炒热活动气氛，加速扩散。

官网：新闻发布，及整个活动资讯的中心。

以上这些平台彼此串联互通，可以单独存在，合体后，威力强大，网友则依据自己的心情、时间、工具，选择一个他最想要的平台来看就行了。这次的活动，其实有好几个目的，除了让网友发挥创意，帮品牌制作出内容之外，其中一个目的就是为了推广它的可重复使用纸杯，只是它用了一个很高明的手法来包装。

秘诀二：找到消费者为什么会想要这样做的理由。

在星巴克，通常外带时都会用纸杯装着咖啡（除非顾客愿意自备随行杯），虽然方便了顾客，却也因此制造了大量的垃圾。在2013年的美国，则多了一种新选择，推出了可重复使用的白纸杯，杯上除了大大的美人鱼LOGO之外，什么都没印，不过这个纸杯是要钱的，一个一美元。为了鼓励大家多多使用，当你用这个纸杯购买饮料时，星巴克会给你0.1美元的折价，等于用个十次也就回本了。

问题来了，如果有好几个顾客同时间都用这个杯子来买饮料时，要怎么分辨哪个是谁的？解决办法是鼓励大家在杯子上涂鸦，创造只属于你的纸杯。这也是这次活动很重要的出发点，不但让纸杯有专属感，办了有趣的活动，还让消费者顺便帮品牌创造了许许多多的内容。

秘诀三：倾听消费者的心声，并且不吝把荣耀归给他们。

最妙的是，这整个事件的起始点，是星巴克专门用来搜集意见的网站——MyStarbucks Idea（星巴克把它定位为博客）。这个网站从2008年开始运作以来，架构一直都没什么大改变。但这份持之以恒的坚持，却也让星巴克多了一份别的品牌难以取代的优势——累积了将近14万则建议，只要有1%的意见是有意义的，就有1400个好意见，吓人吧。

其实在所谓网友提议举办手绘竞赛之前，早就有一些神人级的手绘创作（代表人物之一，来自韩国的Soo Min Kim）在网络上疯传，我相信星巴克绝对看过这些作品。所以，与其说活动的缘起来自网友在My Starbucks Idea的提议，倒不如说是"星巴克愿意把创意的荣耀，归给网友"来得更贴切。可别小看了这个动作，这也是让网友愿意自动免费送上创意给星巴克的重要原因之一啊。

秘诀四：找一个合适平台，展示这些作品，重点是要让它长期存在，而不是活动结束就下架。

另一个值得一谈的是Pinterest。星巴克汇整了300多个比较有看头的作品（报名的件数共约4000件），一字排开的气势，再加上Pinterest最出名的"瀑布流"呈现方式，不得不说，如果以图像呈现为主的主题，比起 facebook 或是 twitter，Pinterest 就是比较适合，不但画面赏心悦目，也让观者更容易有美的感受。

在海尔兄弟官方微博，每天不断贴出新的作品，并和网友互动讨论。短短两天内，"海尔兄弟"成为了炙手可热的微博关键词，海尔品牌因此变得火热起来，也让自己的品牌更加年轻化。

当然还有很多别的办法，只要用心去思考、去洞察，就会找到适合自己品牌的道路。

互动体验营销成功的关键就是要与目标消费者产生互动，使其融入你设定的情景当中并引导其思想，否则，自娱自乐就毫无意义了。所有营销思想都要以顾客为中心，不仅要想你能创造什么，更要想顾客想要什么，透过顾客的表面特征去挖掘、发现其心底真正的需求，甚至是一种朦胧的，自己都说不清楚的，等待别人来唤醒的需求，发现它，唤醒它，消费者就自然愿意和你产生互动。

同时要独特新颖，与众不同，这样才能在信息爆炸的今天吸引消费者的目光并留下深刻、美好的体验与回忆。但切不可为了新奇独特而忽略了实际的市场需求，依然要以目标消费者为中心，换位思考是个很好的思路。整合现有资源，更要挖掘潜在资源，发挥自身优势的同时，还要善于化弱势为独特的优势。

一个很成功的体验式营销案例接下来必须有周到的服务、特色产品等作为对互动体验营销的硬件支持，因为，很难想象一个仅靠独特互动体验却没有优良产品品质与周到服务做后续支持的品牌可以成功。

> **凯文观点**：鼓励用户创造内容是最简单的方式，但也是最棘手的。因为如果你不小心策划错了方案，那么就等于无用功了。

引爆五

# 聚焦热点　制造事件

概述：找到天时地利，巧借东风也可以自己放把火。通过把握新闻的规律，制造具有新闻价值的事件，并通过具体的操作，让这一新闻事件得以传播，从而达到广告的效果。为新产品推介、品牌展示创造机会，建立品牌识别和品牌定位，快速提升品牌知名度与美誉度。

# 01
# 什么是热点事件营销

　　网络媒体传播速度快、互动性强，可以更好地开展企业营销，使其产生更大的价值，这就是事件营销的价值所在。事件营销讲究的是方法和创新，要有亮点的话题，让大家得到双赢的局面，这样才可以得到人们持续的关注。

## 1. 热点事件营销不是低俗炒作

　　很多品牌不懂营销，很多营销也是不得要领地照葫芦画瓢，甚至是以伤害品牌利益为前提的恶意炒作。

　　之前有一条视频在网上疯传，从 PC 端蔓延到移动端，微信朋友圈里很多人发出来，是怎样的视频让大家都去转发呢？是两个女模特在上海地铁中脱衣的视频，视频中很多人围观，中间硬性插入了一个洗衣公司的广告。

　　随后不断传出类似的营销活动，先是优衣库试衣间，后又有斯巴达300勇士、裸女游街、卖肉扫二维码。

　　这算是创意吗？这算是一个好的营销吗？四个字："恶俗至极！"用情色炒作品牌都是为了出名，出名就一定好吗？你是引来骂名，之后的事情就是品牌价值的损失，在用户心中的污点下很大的功夫都未必能抹去的。通过这样的噱头炒作一个品牌，拉低了品牌档次。

国内某网游公司进行过"招聘鉴美师"的事件营销，从招聘一名游戏素材审核人员的角度切入，抛出"整天看美女还能领高薪"这个反常识的话题，利用网民的猎奇心理扩散传播。很多人边看热闹边吐槽游戏的女性人物设定，更吐槽那些千奇百怪的应聘理由。

这个创意最初诞生于《美人三国》项目组的一次研发会议。由于游戏囊括了三国时期的著名美人，如何让这些古典美女既符合现代人的审美观，又凸显自己的个性，就成为团队成员经常讨论的重要议题。讨论会渐渐变成了吐槽会，每个人的审美观都不一样。于是项目组想，能否招聘一个贴近玩家审美观的人，来做统一把控？而市场部进一步异想天开，为什么不公开招聘？只要应聘者能证明自己具备主流玩家的审美观即可。

之后的工作就是铺设发布渠道，在猎聘网发布招聘信息，在微博创建"万元招聘鉴美师"话题，在微信传播逗趣的招聘广告。

真正引爆话题的是吐槽评论。从充满槽点的招聘信息，以及逗比风格的招聘图文版，官方无意间定下了吐槽的基调。用户就结合自己的生活状态，创作出海量的经典吐槽语句。自发布招聘信息以来，微博话题"万元招聘鉴美师"阅读量达2000万，官网收到应聘信息2200多份，"鉴美师"百度指数从0到接近200，带动产品名称"美人三国"的百度指数从2000到8000，验证了网民吐槽力量的可怕。

这才是正确的营销，通过策划、组织和利用具有新闻价值、社会影响以及名人效应的人物或事件，使之成为大众关心的话题、议题，吸引媒体、社会团体和消费者的兴趣与关注，以求提高品牌或产品的知名度、美誉度，树立良好品牌形象，并最终促成产品或服务的销售的手段和方式，也就是事件营销。

> **凯文观点：** 事件营销讲究的是方法和创新，事件营销和其他的广告相比优势显而易见，一旦成功，带来的效益是不可估量的，但是也需要承担同样的风险。

## 2. 正确地策划和借用热点事件

通过定义我们可以知道，事件营销的一般操作方法有"策划"和"借用"。借用在于如何巧妙嫁接，策划在于创意的好坏，以及如何吸引人的眼球，并进一步引导到品牌上。

借用，就是参与大众关注的焦点话题，将自己带入话题的中心，由此引起媒体和大众的关注；向社会热点话题靠拢，从而实现公众对热点话题的关注向组织议题的关注的转变。要实现好的效果，必须遵循以下原则：相关性、可控性和整合性。

相关性就是指社会话题必须与品牌定位、品牌发展密切相关，也要和品牌目标消费人群密切相关。

可控性就是事态的后续发展、突发状况必须在品牌的可控制范围内，如果不能够在组织的控制范围内，有可能达不到期望的效果。

整合性就是品牌借助外部热点话题必须策划和实施一系列与之配套的营销推广策略，整合多种传播手段，多管齐下，扩大事件的知名度与品牌影响力。

策划，就是品牌通过自身策划富有创意的活动，引起媒体或者大众关注。

品牌主动设置一些结合自身发展需要的议题，通过传播，使之成为公众所关注的公共热点。策划一次成功的事件必须遵循以下原则：创新性、大众化及互惠性。

创新性就是指组织所设置的话题必须有亮点，只有这样才能获得公众的关注。

大众化是指避免自言自语，设置的话题必须是公众关注的，或者最起码是核心目标消费者所关心的。

互惠性是指要想获得人们持续的关注，必须要给予人们一定的利益，这个并不一定是实际的利益，可以是给予他们一定的娱乐笑点，帮助他们说出心里的话，实现他们的个人价值。

如何从借用升级，做到策划？

第一招：深度市场调研，寻找社会焦点，在热点中引爆品牌。

玉树蒙难，一方有难八方支援。在央视赈灾晚会上，王老吉捐出了 1.1 亿，是捐款金额最多的品牌，而在两年前，汶川地震时，王老吉捐了 1 亿，撇开"爱心和社会责任"，仅从营销的角度来看看王老吉如何做好"公益事件营销"。

没有一个人会相信，王老吉绝对不求回报，但事情的本质是：回报要取之有道。王老吉捐款之后，网络上关于此次事件的帖子以几何级数增长，在三大门户网站、天涯等论坛，各种网络社区平台，手机门户网站，满眼都是新闻和激烈的讨论。

不可否认，这些或多或少是有"策划"的，仔细看看那些主题帖子，诸如：王老吉一举破了十八项世界纪录、饮料只买王老吉、王老吉捐款就捐一个亿，等等。还有就是：这些话题基本出现在诸如天涯社区等论坛，王老吉就是利用在自己可控范围内的互联网平台进行品牌和品牌形象宣传，互联网营销的本质，是人际关系营销、是口碑经济。

王老吉的事件营销从汶川地震的试水，到玉树事件已经积累了丰富的经验，所以我们看不到官方的新闻通稿，很正规的"软文"，相反，取而代之的是论坛的帖子、主题、讨论或者一些形式独特的新媒体。

无论从社会责任的角度还是纯营销的角度来看，王老吉的作为都是值得学习的。其一，救急救难的时候，起到了"模范"作用，尽到了大品牌的社会责任；其二，基于互联网新媒体，做有"预谋"、有计划的营销。

第二招：制造话题聚焦事件，自如操盘舆论媒体。

爱美之心，人皆有之。此前，一位英国女生在美妆博客上发布了一张自己的素颜照片，结果引来了很多网友对她的羞辱。

这个美妆博客的博主，叫 Em Ford，因为总是以十分漂亮的形象出现在自己的博客上，再加上化妆技巧高超，这为她赢得了非常多粉丝。可直到她前一阵 Po 出了自己的素颜照，让她始料不及的事情发生了。因为她患有毛囊炎，素颜时脸上充斥着粉刺、痘疤与痤疮，当大家看到后，迎接她的却始料未及，扑面而来的全是"她看起来很恶心""她到底有没有洗过脸""丑得不忍直视"等等，很多不堪入目的暴力字眼。

如果这样因为外貌被众人羞辱的事情发生在自己身上，怕是内心要天崩地裂一番。可 Em Ford 没有，她居然为此制作了一个视频，勇敢地面对所有侮辱与讽刺，伴随着网络各种对她的赞美与羞辱，她以一个从素颜到妆后，再从妆后到素颜的过程，向众人昭示，自己正一层一层卸下外界言论的负担，自己重新获得美丽的自信，勇敢做回本来就很美的自己。

她也用这种行动，告诉所有女孩："你很美，不要让任何人否定这一点，包括你自己。"无数人都为这满满的正能量感动，这支片子瞬间火了，随之而来的还有大量媒体的报道，视频现在已经于 Youtube 上获得 1400 多万的点击量。

而且，这件事的后续效应还特别大，甚至引起了选丑比赛（其实又是一波自拍狂的狂欢）。因为有了一个很好的热点事件与道德点上支持，极其自恋的网民们又开始不安分了，他们竟捣鼓起了一个社交活动 #Don't Judge Challenge #，并因为参与人数众多，甚至引起了挑战冰桶般的社交效应。

主角们全部模仿 Em Ford，先化成非常丑的面貌，例如满脸雀斑、青春痘、一字眉，甚至把牙齿涂黑，营造出蛀牙或牙缝大的既视感。接着再突然用手遮住镜头，通过剪辑在视频的下一秒，瞬间把丑妆卸掉，露出自己姣好的面孔，而且参与者绝大多数都是俊男靓女，这也激起了更多人的参与和关注，再次为 Em Ford 的事情扩大声量。

在这样一个连锁反应下，Em Ford 这件事传得也越来越火，瞬间捧红自己的同时，也迎来了商业合作机会，目前她已经为敏感肌肤的化妆品做起了各种代言与宣传。

不管她代言的品牌或者产品究竟卖得如何，但通过这样一次偶然的事件，引发了一大波人跟着在社交上参与和争辩，肯定是很多品牌都想要的。

> **凯文观点：** 事件营销比广告更具隐蔽性和持久性。成功的砝码在于能够抓住亮点、热点和记忆点，从而带动卖点。

# 02
# 事件营销的独特优势

　　事件营销是国内外十分流行的一种公关传播与市场推广手段，集新闻效应、广告效应、公共关系、形象传播、客户关系于一体，具有很好的营销优势。

## 1. 事件营销投入少，收益高

　　2005 年 2 月 24 日，湖南卫视与国内乳业巨头蒙牛乳业集团，在长沙联合宣布共同打造 "2005 快乐中国蒙牛酸酸乳超级女声" 年度赛事活动。随后，"超级女声" 迅速席卷全国，蒙牛酸酸乳的销售也一路走红。超级女声从海选到决选，连续 6 个月每个周末的直播，难以计算的重播，使蒙牛声名鹊起，主推的酸酸乳更是热销，其销售额同比增长了 2.7 倍，20%的销售终端甚至出现了供不应求的现象。而赞助费用、电视广告、网络宣传、户外广告、促销推广费用等，所有费用全部包括在内，只占销售额的 6%，大大低于其他新产品推广中广告支出占销售额 10% 的比例。

　　蒙牛冠名 "超级女声" 对品牌的启示。

（1）要找到品牌与事件的连接点

事件营销能否取得成功，关键是要找到品牌与事件的连接点，事件营销不能脱离品牌的核心理念。蒙牛酸酸乳的品牌形象定位为年轻、有活力，而"蒙牛酸酸乳超级女声"活动的意义就在于以时尚的方式让新一代女生充分展示自我，加深了受众对蒙牛酸酸乳的感性认同，使受众产生了深刻的品牌共鸣。

（2）紧密贴近目标消费群

蒙牛酸酸乳的目标消费人群年龄介于 15 ~ 25 岁之间，而"超级女声"的主要参与人群也是在这个阶段，两者在目标受众上是非常吻合的。目标消费人群的一致性，直接拉动了产品的销售。

## 2. 事件营销具有很强的传播性

事件营销与广告和其他传播活动相比，具有很强的渗透性。

英特尔也根据春节回家的时机，打造了一场点击量 6000 万次的事件营销。

英特尔在中国处理器市场已经占有 80% 以上的市场，但是中国大众对英特尔的品牌理念并不清楚。所以急需一场大规模的营销传播运动来让广大中国大众了解英特尔，提升品牌认知。

面对中国大众，传播"领先科技带来奇迹，推动社会改变"的品牌理念。

一个人，一台超极本，一个社会化媒体，140 元钱，一条回家路，测量社会温度，借势春运大事件，10 位选手踏上回家之路，仅仅依靠微博上的陌生人提供的各种帮助，徒步或骑行过年回家，让中国大众见证社会化媒体这一领先科技所带来的奇迹和社会温暖。

第一阶段：通过腾讯微博征选 10 位拥有不同背景（白领 / 大学生 / 户外爱好者 / 模特 / 志愿者 / 母亲 / 摄影师等）身怀各自故事的选手。

第二阶段：春节前 20 天，10 位选手沿着 5 条路线出发回家，徒步或者骑行。路途中，选手只能通过腾讯微博向陌生人发出求助（食物、借宿、搭车等），英特尔和腾讯进行全程跟拍记录。通过微博专属话题 #140 块钱回家 #，微博选手上演微博直播，实时转播路程进展并发出求助。网友可以立即通过微博提供帮助。网友们可以通过世界没有陌生人的活动主页实时关注 10 位选手的进展、最新求助、最新帮助信息以及途中发生的温暖感人的故事。英特尔超极本也作为 10 位选手的"超极伙伴"一直伴随着他们的回家之路。同时"140 块钱回家"的新闻在腾讯网、腾讯微博、和腾讯 QQ 三大平台逐渐散播。

第三阶段：在春运结束后，根据一路跟拍记录剪辑而成纪录片《世界没有陌生人》在腾讯视频进行病毒传播。

营销效果与市场反馈：

CCTV《东方时空》《特别关注》在黄金时间自发报道该事件，引发强烈关注。北京作为移民大城市，在春节前通过《北京您早》《北京晚间新闻》两档重磅新闻节目进行了报道，包括《中国日报》在内的 45 家主流报纸报道该事件。Google 搜索量"140 块钱回家"达到 3300 万条。34 万条微博原创讨论，1000 万转发和评论，引发社会性讨论。2.7 万条微博联系选手，提供各种帮助为 10 位选手送温暖。

《世界没有陌生人》纪录片视频播放数超过 600 万次。

### 3. 可以避免媒体复杂信息干扰

信息传播过剩和媒体多元化造成的信息干扰，也令很多的传播大打折扣。而事件营销却能迅速抓住公众的"眼球"，提供信息传播的有效性。在传统的商业环境下，越来越白热化的价格战、渠道战、促销战使得部分品牌开始透支自己的资源。摆脱同质化日益严重的泥潭，利用一次具有创意的事件营销可以很好地把品牌和同质产品区分开来，提高产品的注目率。

2013 年 7 月 2 日，五月花的卫生纸凭借其柔滑、强韧和湿水不易破的特性，承载起了代表中国最高绘画艺术的国粹——水墨画。把中国水墨画与脆弱的卫生纸相结合，五月花勇敢地迈出了历史性的一步。

由于水墨画对于纸的要求较高，所用的卫生纸必须具有柔滑、强韧和湿水不易破的重要特性，因此并不是所有卫生纸都能够作为水墨画的载体。普通的卫生纸，虽然具有一定的基本性能，但不具备承载水墨画的纸质特性。

五月花的研发经理谢祥映表示：因为五月花的卫生纸具备强韧、柔滑、湿水不易破的特性，所以才能大胆地挑战大世界吉尼斯，呈现中国水墨画的韵味。

五月花凭借自身产品柔滑、强韧、湿水不易破的特性，完成了大世界吉尼斯纪录的挑战。创立了卫生纸行业新的里程碑的同时，更向消费者证明了五月花产品的优良品质。

# 03
# 热点事件营销的分类

　　根据事件的类型我们可以把事件营销大致分为：娱乐事件、体育攻略、时事攻略、公益事件、危机事件。这五类事件都是消费者关心的，因而具备较高的新闻价值、传播价值和社会影响力。

## 1. 全民关注的娱乐事件

　　主要是指名人、娱乐栏目等。名人可以是歌曲界、影视界、体育界和文化界，栏目可以是当下热门的，比如《爸爸去哪儿》，也可以是传统、商业的《财经评论》，这些就看品牌的需求、资源和时机了。需求是品牌铁定的要求，一般不能轻易更改的；资源主要看策划的时候能找到哪些名人；时机就看当时所处的环境的态势。三者合一，筛选出最终方案。

　　大型亲子类综艺节目《爸爸去哪儿》第一季自从在湖南卫视、爱奇艺首播后，连破网台收视纪录。

　　贝因美借助视频网站爱奇艺的媒体力量，在20天内完成了节目形式、主持人、嘉宾、节目制作以及广告招商等一系列工作。打造了《妈妈在这儿》这一栏目，弥补大家对电视栏目上妈妈缺席的遗憾；其次在选题方面，从星妈的角度深入探讨育儿问题和诀窍，谈到的话题更是涉及到与电视栏目或是明星生活的一些讨论，满足观众对明星家庭的好奇心。看爸爸和宝贝去旅行，听妈妈分享育儿经。

通过叶一茜、胡可、郝蕾、苏岩、马艳丽、袁咏仪等多位明星妈妈的视角一起探讨育儿心得。

以艺人话题访问的形式，采访娱乐圈著名女艺人妈妈，明星妈妈除了畅谈自己的育儿心得外，还对原节目中五位爸爸的表现评价打分、分享节目中最动人的桥段。

贝因美儿童奶粉通过此次试水娱乐营销的方式，将贝因美一直推崇的亲子情感进一步放大，让更多的目标用户成为了《妈妈在这儿》的观众。全方位触达卫视播出平台所无法覆盖的目标受众，依靠网络曝光扩散节目影响力，借势《爸爸去哪儿》，通过《妈妈在这儿》节目调性深化贝因美中高端婴儿奶粉的产品定位及"因爱而美"的品牌形象，为品牌扩音，最终借助品牌曝光率的提升促进其营收的增长。

品牌如何选择综艺冠名？

在全民娱乐、综艺节目大行其道的今天，品牌慧眼识珠，选择合适的节目进行独家冠名已经是营销推广的常用形式。对品牌来说，冠名是提高品牌知名度和影响力的有效途径；对被冠名的节目来说，冠名为它们做好节目提供了资金保证。但选择冠名对于品牌却并非只有预算那么简单。一旦"遇人不淑"，不能达到预期效果，更有可能中途叫停、血本无归。那么如何选择一档既适合自己，同时又具有"火"的潜力的节目来冠名呢？

在眼花缭乱的电视节目面前，品牌冠名的一个重要的选择标准是平台。从覆盖面、收视率等指标来看，上星卫视好过未上星电视台。在上星卫视中，央视以其掌握的资源、品牌传播力成为其中的龙头老大。"2013 年十大最赚钱综艺节目"央视就占据了 4 席。除了央视之外，湖南卫视、江苏卫视、浙江卫视等平台也有惊人的吸金能力。

选好平台之后，品牌冠名还需要选择好栏目。已开播多年的成熟节目，其传播力和影响力已趋稳定，能有比较符合实际的预期。对于刚开播的节目，选择栏目则需要品牌"慧眼识珠"。999感冒灵冠名《爸爸去哪儿》第一季已是节目冠名的经典案例，而节目原定冠名某电器品牌，在节目开播前，因对收视率没有信心临时悔约，成为品牌"押宝冠名"的反面教材。

选定适合的冠名栏目，更重要的指标是栏目与自己品牌的契合度——冠名栏目能否传递出品牌的独特销售理念？以999感冒灵为例，999感冒灵传递的品牌内涵一直是"温暖""贴心"，从其广告语"暖暖的，很贴心"就可以明显感觉到。亲子真人秀互动节目《爸爸去哪儿》主打的就是温情牌，所以两者不谋而合。也正是与其冠名节目贴合度高，契合度满分，才能实现双赢目的。

> **凯文观点**：对于现在的消费者，他们的注意力已由关注产品功能转移到关注品牌文化价值。

## 2. 商机无限的体育事件

体育赛事是品牌最好的新闻载体，体育背后蕴藏着无限商机，已被很多品牌意识到并投入其间。而作为中小型品牌也可以做一些区域性的体育活动，或者国际赛事的区域性活动，例如迎奥运××长跑等手法都是常见的。下面介绍个卖萌耍贱的案例。

国足太坑？脉动邀米卢打造中国足球"脉萌队"。

一将功成万骨枯，2014巴西世界杯场内场外"伤家"一片。可口可乐、耐克、阿迪达斯等土豪赞助商一掷千金"博上一切"却失败而归。

"状态不佳，坑到下家"是脉动品牌2014年的主题，是其过去几年"不在状态"系列广告的升级版。而世界杯是6至7月的最大热点，如何演绎这个热点元素？

当大家都哗众取宠去追星、关注赢家的时候，脉动却与一群失落而心有不甘的球迷一起，在世界杯战场上驰骋。脉动找到的营销点是那群被忽略的"主角"——对中国足球又爱又恨的中国球迷，特别是那些与国脚同名同姓的纠结人群！

脉动用卖萌的手笔成为"世界杯营销屌丝派"代表，成为世界杯营销中的一匹"黑马"。为何卖萌？因为抓准了广大球迷痛点，贴合品牌个性。脉动品牌广告语"随时脉动回来"，传递的是一种轻松幽默的积极阳光个性。

脉动带中国球迷一起"脉萌"世界杯，以"国足是最大坑家"的"痛点"出发，以"卖萌"的方式证明"只要状态好，人人都能踢好球"。借势世界杯营销，又便于传递"恢复状态神器"品牌形象。

对于中国足球，众多品牌都避而不谈，基于对"中国足球无缘世界杯球赛，继续坑到无数球迷"的洞察，脉动带着一群"受伤"的中国球迷寻求心里慰藉、自我救赎，迈出世界杯营销第一步。

中国没有最好的球队，但有最好的球迷，中国球迷最容易被忽略却最需要安慰！脉动与中国球迷一起玩，邀请曾经缔造国足状态巅峰的神奇教练米卢，成立了中国脉萌队，向全国招募与历任国脚同名同姓的球队成员。"中国脉萌队"给了这群被坑无数遍的球迷一个"反坑"逆袭的机会，米卢将带领他们挑战世界杯冠军球迷队，他们可以尽情地证明自己，展现好状态。

振臂一呼，应者云集。米卢招募中国脉萌队队员的视频点击率持续飙升，快速突破千万，得到了包括中国前任国脚李玮锋、李帅等微博名人和草根大号的关注与转发。著名足球评述员丁伟杰在世界杯直播节目上直接穿上了中国脉萌队的球衣，表达了对这支草根球队的支持。

与网民一起玩，输球别哭，脉萌有爱。

世界杯竞技，最终赢家只有一个，而输家却是一大片。基于这个洞察，在世界杯强队被淘汰期间，当大家都在为赢家喝彩的时候，脉动推出安慰输家的"别哭体"引发互联网"全民娱乐"。

与公众一起玩，从脉萌反坑到祝福。

世界杯刚结束，中国脉萌队发起消费者网络众筹 2018 箱脉动送中国足协，把公众对世界杯的关注引流到品牌上来。7 月 18 日，一支由神奇教练米卢挂帅，李铁、马明宇、李玮锋等与历任国脚同名同姓球迷组成的"中国脉萌队"，在国家体育总局训练局球场以蹴鞠形式战胜冠军德国球迷队，脉萌队还代表中国球迷向中国足协赠送了众筹而来的 2018 箱脉动，祝福国足"状态最佳，展望 2018"。中国足协代表董铮、米卢弟子前国脚杨璞现场接受祝福，中国脉萌队从草根自发上升到官方认可阶段。

没有无缘无故的"黑"，只有不离不弃的爱！以"黑"的方式表达爱，从反坑到祝福，看似损招，实则高招。

### 3. 舆论热议的时事事件

对于日常生活中突发的、消费者广泛关注的热点事件，品牌可以及时抓住，结合品牌的传播或销售目的展开新闻"借势"、广告投放和主题公关等一系列营销活动。通过进行一些特定的活动达到品牌的目的。

杜蕾斯一直都是追踪热点事件的行家，也是众多品牌学习的榜样。

事件的经过很简单。2011 年 6 月 23 日北京暴雨，这一话题无疑是全天热点。尤其下午下班时间雨越下越大，新闻报道地铁站因积水关闭，京城大堵车，意味着很多人回不了家，同时意味着很多人在微博上消磨时间。杜蕾斯也在试图切入这一热点，并把杜蕾斯品牌植入其中。就在你一言我一语的插科打诨中，把杜蕾斯套在鞋上避免鞋子泡水的想法冒了出来。这件事随即成为了微博热点，也让更多人了解了杜蕾斯品牌，产品的质量也得到了体现。

敏锐地"把握"热点，应该是每天如例会一般进行的工作，而非话题火热时的心血来潮。也意味着，其实在许多不那么成功的尝试中，诞生了一次宝贵的成功。与整个团队讨论当日热点，从中筛选可能与品牌有契合的关键词，并由内容团队围绕关键词进行创意，最终甄选可行的方案。

2015 年 9 月，面对着中秋、国庆双假接连来临，南昌万达城为了在长假期间实现业绩的高效增长，决定举办一场充满欢乐的大型活动来吸引客户来访。经过多番构思设想，想到马戏节，介于前期海洋系列活动的良好效果，以及丰富、升级马戏节的形式，抬升活动高度，延续前期海洋概念，便采用了"海洋马戏节"这个主题展开活动安排。

恰巧此时，南昌马匹与宝马车相撞的新闻事件成为全城街头巷尾的谈资，不少记者媒体进行采访，在网上的火热度更是出乎意料。

就这样，"真马撞宝马"的炒作思路就出来了。

第一步：同步主流新闻媒体发声，呼应事件，引发市场关注，营销抓住此次事件的新闻价值点及事件的真实性、偶然性与各大媒体一起发声，在第一时间通过其官方微博发出事件信息，协助新闻传播，不时向媒体爆料，丰富新闻细节，增加新闻的趣味性与可读性。

第二步：掀起全城话题热议，"马为什么出现在市区""交警城管该谁管""马有理还是车有理"，突出马的形象。

第三步：落地嫁接，"找这匹肇事马"，还原事件由来，转移关注，引爆事件发生。第三天，接力"找到这匹肇事马"话题，引发微博关注，被新浪头条博客转载报道，再次获新浪微博 push 条推送，后续由江南都市报、新浪江西、网易新闻等媒体官方微博，及今日头条 APP 客户端跟进报道"找到这匹肇事马"。

最终揭秘此马是受邀参加南昌万达城首届海洋马戏节表演而出现的，同时通过各大网络媒体房产渠道进行持续跟进，成功把对事件的关注转移到南昌首届海洋马戏节活动上。

第四步：事件续热，接力活动本身，链接"肇事马见面会"，集中爆发马戏节亮点。

本事件成功的核心在于：

第一，"撞马"事件与马戏节嫁接自然，新闻时事嗅觉敏锐，快速接入新闻核心触发点，成功将前期新闻事件转化为项目活动预热，把公众关注点落在项目海洋马戏节上，为营销所用。

第二，去商业化，公众接受度更高，会产生主动了解的欲望。

第三,话题性够足,不仅瞬间掀起了全网热议,后续还能持续引发关注,极大提升了项目知名度,促进了案场人气,带动销售。

要想话题性够足,那么噱头一定要大,站在巨人的肩膀上。

在美国,政治事件也可以拿来利用。共和党的罗姆尼 VS 民主党的奥巴马,谁能当选美国第 57 届总统? 除了官方选票,7-Eleven 也为热烈讨论的选民们提供了行为上的出口——推出 7-Election 活动,全民一起来预测。活动期间 7-Eleven 的咖啡有两种包装选择,蓝色代表奥巴马,红色代表罗姆尼。每天卖出的数目都会统计在 7-Election.com 上。

表面上看起来,7-Eleven 只是正常卖咖啡而已,没有什么利益。而实际上,狂热的选民如果希望自己支持的一方获胜,势必会经常来买咖啡,销量不就上去了?

> 凯文观点:时事往往具有实效性,要及早反应以便抢占先机;对于突发的事件,要具有迅雷不及掩耳的反应速度。

## 4. 正能量的公益事件

公益切入点是指品牌通过对公益活动的支持引起人们的广泛注意,树立良好品牌形象,增强消费者对品牌的认知度和美誉度。随着社会的进步,人们对公益事件越来越关注,因此对公益活动的支持也越来越体现出巨大的广告价值。

在中国,西部缺电情况十分严重,孩子们上学看书仅仅依靠昏暗的烛光,海尔集团为了改善他们的学习环境兼顾供电需求,选择贫困地区最需要的使用频率最高的电器电灯作为切入点,打造了“抱抱小灯人”,在尽品牌社会责任和公益活动的同时,进行品牌理念植入,加深消费者对海尔品牌的忠诚度和偏好度。

2014 年上半年将海尔抱抱小灯人送到西部农村地区,分发给山区的学生。

只要有一个插座，全校的学生都可以在学校充电，海尔抱抱小灯人是不需要额外能源的免费照明设备。利用串联原理，孩子们在学校只需要一个插座就能给所有小灯充电，充满一个小时，带回家就可以使用两个小时。

海尔抱抱小灯人点亮了中国西部 68 个村庄，而且这个数量还在持续地增长。在社交媒体上引起公众的广泛兴趣，3 个月内到达人数 70 000 次，其中有 67.2% 的人喜欢海尔抱抱小灯人这个创意。随后，有 6 个公益组织加入到海尔抱抱小灯人这个活动中来。政府也开始关注中国西部地区电力系统问题。

海尔通过事件本身的重大意义，吸引了媒体和公众的注意，引发了媒体的主动报道和公众在自媒体上的讨论。从根本上解决了一个问题，把自身的产品与公益相联系，成功地在公众心目中树立负责任的形象，提高了品牌的知名度和美誉度。

> **凯文观点**：一个品牌的营销要多用正能量去做，这个社会需要品牌肩负起这样的责任，正能量，社会需要，粉丝更需要。

## 5. 充满转机的危机事件

品牌甚至政府处于变幻莫测的商业环境中，时刻面临着不可预知的风险。如果能够进行有效的危机公关，那么这些危机事件非但不会危害品牌，反而会带来意想不到的广告效果。

危机事件又可分为社会危机、自身危机。

针对自身危机，品牌必须及时采取一系列自救行动，以消除影响，恢复形象。品牌在面对这类危机时，应采取诚实的态度面对媒体和公众，让公众知道真实的情况。这样才能挽回品牌的信誉，将品牌损失降至最低，甚至化被动为主动，借势造势进一步宣传和塑造品牌形象。

一个政府也是一个品牌，让我们看一下两个不同的处理方案。

四川会理，一个小小的县，好多人也都不知道在什么地方，更不知道这个地方盛产美味的石榴，还有美丽的风景。会理县县政府因为一张 PS 照片，被网友炒作成热点后，处理照片的助理差点下岗丢掉工作，甚至是把三位领导拉下水，最后成功化解危机并且华丽转身成为地方旅游的大功臣。

6 月 26 日晚，有网友爆料称，四川会理县政府网站首页上一张领导视察道路建设的图片系"PS"合成。

事件曝光后，引发了网友对会理县领导照片进行"PS"的恶搞潮，会理县领导的照片被 PS 到了全世界甚至地球以外各个地点、各种场合。"会理三杰"走出会理县、走出国门，甚至离开地球，背景包括车上、太空、草原、南方水灾现场等多个场景。微博上甚至已形成多个"会理县领导一日环游世界各地视察"的套图。微博、博客、各大网站进行传播，各种批评纷沓而至。

会理县政府领导一下头都大了，技术员孙正东也惶惶不可终日，估计不仅仅会挨处分，甚至会把工作丢了，最重要的是把县里三个领导给拉下水了。权威媒体报道说：这个政府部门露出作风漂浮的马脚，这种官气十足的"图风""文风"，反映出来的，恰恰是作风。

一个小小的县政府该如何处理这样的突发事件？

第一：迅速、实时地正面回应。

四川会理县政府在官方微博道歉，承认照片的确是 PS 过的，并发布未 PS 前的原图，表示今后会在工作中以此为鉴，感谢网友们的关注和批评。时间是下班后半个钟头，政府官方出面在微博道歉。

原文如下：

由于我县工作人员的失误，在政府网站上发表了一张 PS 过的照片，他对于新闻真实性的理解有误，使得我县在网络上受到了更多的关注。在此，会理县政府对于广大网友的关注表示理解，并希望对此事道歉，并澄清。

正面回应道歉，政府的公信力没有被破坏。当事人孙正东正面在新浪微博、天涯上进行道歉，态度非常诚恳，讲明了事实造成的情况、缘由，并深刻地做了检讨和表达歉意。及时地正面回应和诚恳道歉，是会理迈向正确路线的第一步，然后华丽转身，顺势而为，将网友的关注和正面回应转化为真正的城市营销力，实现华丽转身。

27日晚开始，孙正东在微博上转发并评论网友对会理县领导的各种PS恶搞图片，从中挑选自己认为"最喜欢"的与网友分享，并表示自己"在加强练习PS技术的同时，我还将学习微博操作，以便跟大家介绍会理县"。公开"拿县领导炒作"，网友意外的同时，对会理县的印象也发生改变，称孙正东"用轻松幽默把PS事件逆转了"。

然后继续发布新的微博，局势全面扭转：感谢全国热心网友，让会理县领导有机会在短短的时间内免费"周游世界"，"旅行"归来后，领导已回到正常的工作轨道，也希望网友把关注的焦点，转移到会理这座古城上来。会理是座有着两千多年历史文化的古城，也是古南方丝绸之路的重镇，看看@阿卓志鸿镜头下的美丽的会理吧，绝对没有PS哦。所附十张会理的精彩图片，激发了网友们的精彩喝彩，纷纷表示赞一个，我要去会理看看，是个值得看的地方，最起码领导这么真诚，那么这个地方一定值得看。

1万转发，4000多评论，转发的不乏百万级粉丝的大佬，营销受众超过千万，按照标准收视到达率计算，完全可以等同在央视新闻频道的30秒广告十次以上。会理县事件营销给我们的启示是：不仅仅要重视社会化媒体，更要重视实时化公关和营销；不要企图去控制，而要去引导浪潮，真诚比什么都重要；使用互联网用户的语言。

真诚比什么都重要，要有诚恳的态度和学会充分调动舆论。在网络当道的今天，一味地封堵只会使公信力不断丧失，正确地面对是一大加分点，错误就是错误，承认了不会死人，不承认倒是真有可能死翘翘。

小孙的幽默给事件的扭转提供了最有力的武器，甚至县政府也不是一板一眼的官方用词，对所提供的会理实景也略加调侃地说绝无 PS，网友报之会心一笑，一切峰回路转。

前一段时间有网友爆料称，在青岛市乐陵路 92 号的"善德活海鲜烧烤家常菜"吃饭时遇到宰客事件，该网友在微博上称"点菜时就问清楚虾是不是 38 元一份，老板说是，结账时居然告诉我们 38 元一只"。"青岛大排档天价大虾事件"在微博上引发网友热议。

随后不断有网友爆料山东宰客现象，微博热点火爆后，新闻媒体、报纸也开始跟进报道事件经过。可以说一只虾毁掉一座城，一只虾毁掉了山东政府耗巨资打造的"好客山东"形象。

可是山东政府却没有做好危机公关。

首先，山东政府面对危机反应太慢。微博上火爆成为全民热点，新闻媒体已经报道很久，山东政府都没有任何的表态。

在微博上大家看到的是："110 来了之后就说，警察说这事不归他们管，管不了，价格问题应该由物价部门进行管理。后来，物价局的人又说当时是晚上，太晚了，说处理不了，只能等到明天才能进行处理。"这其实就等于不负责任、不作为。

第二，就是没有找对战场。事件一直都是在微博上传播的，而山东政府、青岛工商局只是通过传统媒体《北京青年报》报道："该事已经引起青岛物价和工商部门的高度重视，目前，青岛市工商局已安排市北区市场监管局去现场调查，将会视具体调查情况依法进行处理。"

山东省委常委、青岛市委书记李群做出批示，青岛市长张新起立即召集市政府分管负责人和有关部门研究采取措施。

山东政府应该在事件第一时间在微博上以政府的名义，首先对受害者进行道歉，然后积极跟进事件动态，甚至还可以号召大家对山东省内的黑店宰客、黑出租等其他行业的不良行为进行举报，然后逐一进行整改，把一件充满民愤的恶性突发事件转化为一次山东政府为了打造"好客山东"的一次政府性的正义改革，把一句空虚的口号转化为看得见的事实，我们都在讲品牌内容化，就是把看不见的品牌文化理念转化为符合媒体环境下、看得见的事实内容，而不是只是在口头上发表一些不痛不痒的官方套话。

互联网时代，公众不再是单纯的受众，还是相互的消息源、传播者和渠道。他们的形成是动态的群体，因利益、兴趣而聚合、区分。危机公关越来越多地要面对以下公众：

1. "闭环"的公众。他们只相信自己，只接受同质性群体的新信息，形成交流"闭环"且难以打破。换言之，拒绝沟通，不听你"讲"。例如一些有"医闹"介入的医患关系危机，他们的直接目的就是"把事情闹大"。

2. "质疑"的公众。无论你怎样沟通，他们首先想的还是"你说的是真的吗"，一轮质疑平复又一轮质疑产生。值得注意的是由于信息"碎片化"、利益多元化和关系"网络化"，舆论难有一致公认的"权威声音"，公众不知"我们该信'谁'"的情况会越来越多。

3. "不懂"的公众。或与信息的"碎片化"有关，他们往往将自己的解读、揣测成"你的意思"，并据此选择行为取向。

面对"闭环"的公众，许多时候不妨将其视为"边缘公众"。可考虑以其他数量居多的一般公众，如"质疑"的公众为"首要公众"。"质疑"的公众性质上是"独立公众"，常常是化解危机时需要争取的重要对象。对于"不懂"的公众，关键在于如何使之"你懂得"。

> **凯文观点：** 社交互联网要求更好的危机公关。危机，有危才有机，危机也是一次好的契机。在社会化媒体上出的问题，就要在社会化媒体上解决，用传统媒体很难救援成功。

# 04
# 如何做好热点事件营销

现在国内不少品牌在大事件营销过程中存在着误区，许多品牌因受制于经济实力不强，品牌文化底蕴不足，在具体操作事件营销时，往往表现出目光短浅，手法单调，带有较大的局限性，影响了大事件营销的效果。

借势营销分两种，一种是正面的，借助社会热点事件而传播；一种是负面的，常见于市场份额老二对老大的攻击，或者二者互黑来引爆消费者眼球。杜蕾斯借助李娜退役拿网球拍做文章是正面，而小米华为二者的口水战就属于后者，通过"点胶"之争，其实华为和小米双方的品牌都受到了损害：华为戴上了米黑、水军的帽子，而小米的产品则被质疑为工艺欠缺和廉价。

不妨回顾下整个"点胶"之争的过程来解读此次借势营销：

第一步：IT 华少出场

9月17日，微博认证为"上海青青鸟旅游社导游"的 IT 华少发布微博称，小米4为省成本，并未对其芯片进行点胶处理，容易导致手机摔碰跌落时芯片损坏。因此他得出的结论是"小米4做工粗糙，不及荣耀6"。

一名导游，又不是一名数码专家，为什么会突然来说小米手机问题呢？显然这是蓄意而为，有人指使。IT华少作为信息源，后面会紧跟一些名人＋水军，以相互掺杂补齐的方式做足数百的转发。

指示IT华少的人不一定是华为荣耀，也有可能是华为荣耀的公关公司，或者是其他手机厂商。如果是前者，则是华为要借小米的势，如果是后者，则是其他手机厂商在打压小米与华为。从动机来看，华为和其他手机厂商的受益最大，因此也被列为首席怀疑对象。

一般来说，借势营销都是市场份额落后的向市场第一叫板，而市场第一的从来不会主动向市场份额落后的叫板。

第二步：雷军回应

"这样的黑稿，是哪位友商的杰作？"面对越来越大的舆论压力，雷军发微博回应，目标直指华为。在雷军回应时，小米的员工也发长微博解释小米手机为什么不点胶。

雷军棋高一着，他直接将点胶事件定了性：水军、黑稿，这又是在黑小米。这有两点好处：既然对方是有意而来，完全没必要在这个问题上做纠缠，咱们直达本质即可；另外转移话题，将大家都不懂的点胶问题，转移到道德层面的"黑稿"问题。这样一来，除了专业人士或者媒体人还会对小米的做法穷追不舍外，大多数消费者已经被成功转移了：不是质量的问题，是小米又被黑了！

值得一提的是：面对厂商的公关炒作，如果声量小，则冷处理，晾着不管自然就烟消云散；如果声量大，企业负责人就要像雷军这样站出来发声，扭转不利局面。

如果就此打住那就是很好地终结了对手，可惜雷军并没有就此停止，而是连发三条微博，进行反击。

第三步：反击之战

接下来，雷军连发三条微博，比如："华为终端某些人无节操的做法严重抹黑了华为的无比宝贵的品牌，让每个人心疼痛""拿出世界五百强的胸怀，认真管管华为终端的风气"等，并 @ 了余承东。

而余承东微博回应了雷军，称荣耀"没有黑小米"。接着，"黑米日报"收集"碰瓷小米的公关稿清单"，列出 5 篇黑稿。

对小米来说，通过讲事实、摆证据的方式，其实已经完全达到了目的。而连发三条微博以及 @ 余承东的方式，其实是更加吸引了群众的眼球，延续了"点胶"事件对小米的不利影响。雷军这么做，要么是义愤之举，要么是反借华为的势，以"宝贵的品牌""世界五百强"等言论来打压华为。可惜此次营销中，小米和华为都是失败方，小米被指出了工艺问题，口碑又受到了影响，总有一批不明真相的观众会从米粉转为米黑，而华为也被扣上了"米黑"的帽子，同亲不讨好。

## 1. 新闻事件营销的关键与规律

事件营销在本质上就是让你的策划成为新闻。所以，事件营销的成功之要素，就是要分析一件普通的事为什么可以成为新闻。以及分析新闻从发生到被采访、被编辑、被出版的整个过程。然后，让你的策划能够顺利地通过这一过程。

我们必须了解，一个事件从发生开始，一直到变成报纸上的一则新闻，它的内容是在不断"缩小"的。假如一个事件的数量是 100 的话，记者可能只会关心其中 80% 的具有新闻性的东西，并对此进行采访。而报社的编辑会对这一稿件进行删改，可能只保留了记者文稿中 80% 的内容。再到版面安排时，由于版面的限制，可能编辑删改的文章只能有 80% 的部分见报。那么，最终见诸报端的内容将会是原来事件的多少呢？

所以，一个成功的事件营销就必须注意到这些环节，并通过精心的策划，努力增强事件的新闻性，尽量减少被记者和编辑删减的内容。

（1）事件营销的四个关键要素

新闻能否被着重处理则要取决于其价值的大小。新闻价值的大小是由构成这条新闻的客观事实适应社会的某种需要的素质所决定的。一则成功的事件营销必须包含下列四个要素之中的一个，这些要素包含得越多，事件营销成功的概率越大。新闻价值的要素同时也是事件营销成功的要素：

①重要性。指事件内容的重要程度。判断内容重要与否的标准主要看其对社会产生影响的程度。一般来说，对越多的人产生越大的影响，新闻价值越大。

②接近性。越是心理上、利益上和地理上与受众接近和相关的事实，新闻价值越大。心理接近包含职业、年龄、性别诸因素。一般人对自己的出生地、居住地和曾经给自己留下过美好记忆的地方总怀有一种特殊的依恋情感。所以在策划事件营销时必须关注到你的受众的接近性的特点。通常来说，事件关联的点越集中，就越能引起人们的注意。

③显著性。新闻中的人物、地点和事件的知名程度越是高，新闻价值也越大。国家元首、政府要人、知名人士、历史名城、古迹胜地往往都是出新闻的地方。

④趣味性。大多数受众对新奇、反常、变态、有人情味的东西比较感兴趣。有人认为，人类本身就有天生的好奇心或者称之为新闻欲本能。

一件事件只要具备一个要素就具备新闻价值了。如果同时具备的要素越多、越全，新闻价值自然越大。

富亚涂料通过经理喝涂料而成名的事件，无疑是近年来影响很大的事件营销经典案例之一。这一事件被国内媒体普遍转载。为什么它具有这么大的威力呢？就是因为它的新闻价值比较高。这一事件满足了人们对新闻趣味性的追求。整个事件的发生过程，曲折有趣。

（2）事件营销策划者必须了解新闻损耗率

新闻的加工过程充满了非常多的偶然因素，并非所有的新闻原材料都能呈现在你早晨阅读的报纸上。因为新闻有自己的损耗。所以对于事件营销的策划者来说，必须了解这一概念，并且尽可能地减少这种损耗。

①新闻法规的限制。新闻必须要合法，有些事件虽然具有很大的新闻价值，但却与新闻法规或政策抵触时，一般很难成为公开的新闻。或者其

中某些"敏感"的部分会被删减，在一定程度上影响新闻价值。目前，在一些领域还是存在明显的新闻禁忌的。例如关系到宗教问题，关系到下岗问题，或者在某个区域如果一则新闻会表现出这个地区比较落后的一面，也会受到一定的限制。

例如，曾经有这样一个案例：某地有家公司开业想出了一个比较好的策划案，就是在某个广场放置1000把公益伞，然后又安排部分人领头进行哄抢。想以一则市民素质不高的新闻来对自己进行宣传。这一事件新闻价值确实很大。但在发稿时，这个市级报纸的老总却认为，反映当地民风落后，甚至还有治安不力的内容不太合适。最终这一策划以失败告终。

②新闻传播者的限制。新闻从业人员的业务能力是影响新闻价值实现的重要因素。新闻采编者的新闻敏感度、写作能力、编辑技巧和知识修养等都直接影响新闻价值的实现。

有的时候，虽然是不错的事件策划，但记者却不能马上领会策划者的苦心，反而认为是一件平常的事件，没什么好写的。有的时候，由于记者在采访和获得资料时碰上一定困难，他们可能也会放弃采访这个问题。通常，如果一个单位可以和媒体保持长期的良好的关系，并尽可能地向记者、编辑提供采访的方便，就应该可以取得不错的效果。

③新闻传播媒介的限制。新闻传播媒介的技术水平和工作质量也是影响新闻价值实现的因素。新闻编排处理不当，报纸印刷质量低劣，广播电视音像效果不佳，都可能影响受众对新闻的接受和理解。

有的时候，新闻事件的发生是稍纵即逝的，可能摄影、摄像记者的镜头还没架好，新闻事件已经结束了，怎么办呢，如果主办单位自己做了比较精心的准备，比如提前安排进行了记录，这些资料就可以提供给记者来采用。

曾经有过这样一个案例：某超市开张，发布了很大篇幅的广告，开业时会有某项商品进行大量优惠。超市8：00开门，通知当地记者9：00来店采访。没想到，由于市民非常热情，优惠产品数量有限，到8：30的时候，

优惠产品已经被抢购一空。等到记者赶到的时候，排长队的景象已经不见
了。幸亏超市经理自己准备了相机，才把最壮观的景象留了下来，并提供
给记者。

④新闻接受者的限制。报刊读者、广播听众和电视观众的文化知识水
平和接受理解能力对于事件营销的实现同样具有影响作用。

读者是有自己思维的人。他们往往通过对新闻的阅读产生自己的独特
联想。有时这种联想对于事件营销的策划单位是有利的，有时则是相当不
利的。

善于运用你的优势。事件营销的第一招就是分析自己企业和产品的定
位，看自己是否具有足够的新闻价值。假如你的企业可以充分引起公众的
好奇时，那么你就必须注意了。因为你的所有举动都有可能成为新闻。当
然你运作事件营销并取得成功的机会也会比别人大得多。

如果一个企业想要进行事件营销，它首要的工作就是分析：1. 你的企
业本身足够引起媒介的关注吗？ 2. 你是否代表了某个领域，而这个领域与
新闻媒介关注的方向是否一致？

如果上述两个问题的答案是肯定的，那么，你进行事件营销绝对是轻
而易举。无论你做什么，只要通过合适的媒介把消息发布出去，你的策划
就可以成功了。

关键点一：事件营销要与企业形象保持一致。

对于大企业而言，很容易犯的一个错误就是，因为制造一个事件成为
新闻太过简单。所以它在进行公关策划时往往会忽略是否符合自己的根本
形象，往往会单纯为了造新闻而造新闻。

关键点二：大企业必须谨小慎微。

一个企业或者产品只要出名了，它总是容易吸引记者的目光。因为需
要通过采写稿件完成自己工作的记者都清楚，大企业或大产品容易出新闻。
但我们必须要反过来再思考一次。

对一个非常美好的事物而言，发生在它身上的最大的新闻是什么呢？

就是它并不美好。同样，对一个非常有名气的企业或产品而言，最大的新闻是什么呢？就是这个企业或产品并不好。

关键点三：有选择地向媒体透露信息。

企业公关事务中很重要的一个工作就是与媒体保持良好的信息沟通。因为从新闻的角度来讲，一个大的企业，它所掌握的信息精确度，往往就是广大的人民群众所希望知道的，同时也具有新闻的价值。而如果一个企业能够经常性地出现在媒体上时，人们对它的信任程度也会更高。尤其是在媒体和读者都把你当作是某个行业的代表时，更是如此。

> **凯文观点：**好的事件营销策划者不能只把精力放在新闻价值的追求上，还必须考虑到，这则新闻是否会受到媒介成文的或者不成文的规矩约束呢？

## 2. 热点事件营销的策划过程

事件营销讲究的是方法和创新，事件营销和其他的广告相比优势显而易见，一旦成功，带来的效益是不能估量的，但是也需要承担异样的风险。

在事件营销里，想要达到共鸣的成效，需要的是产品的特性和媒介活动的结合。做事件营销，要想好有亮点的话题，让大家得到双赢的局面，那样才可以得到持续的关注。要有明确的事件操作流程，根据被炒作对象特点做出策划方案，挑选适合的媒体（网站、新闻媒体、电视媒体）发布消息。

（1）巧做"病原体"

目标消费者为什么自愿提供传播渠道？原因在于传播者传递给目标群的信息不是赤裸裸的广告信息，而是经过加工的、很好玩的或很有价值的信息，传播者通过传播这一信息，能得到某种快感。

（2）巧发"病原体"

做好的"病原体"，要选择恰当的时机予以发布，时间、载体、发布人等因素都要考虑在内。

（3）监测"病原体"

通过观察后台数据，清晰看到"病原体"的传播效果，可以据此进行调整。

（4）寻找易感人群

H1N1流感为什么在儿童年龄层次容易爆发？儿童的免疫和抵抗力不如成年人。如果H1N1流感爆发在南极、北极等人烟稀少的地方也不会爆发传播。进行病毒营销传播也是需要寻找容易感染的人、传播的平台。确定有影响力的个人群体，如论坛版主和博客博主及圈主，为他们提供额外的服务和联系。

（5）设计具有较高传播性的东西

设计具有较高传播性的（传播体），或是较高谈论价值的信息内容，或是幽默性的可传播性强的内容，如果针对的是某个行业或某个职业的人群，能提供出与受众群体职业相关的幽默内容，将会得到在同行中的广泛传播，相当精准。关键的是，内容是否符合以下两个方面：1.是否体现了产品的特征，人家是否看得明白；2.是否有传播欲望，传播对象是否是精准人群。

（6）雇用媒体人唱双簧，引发争议并成为热点

雇用网络水军，在互联网上加大传播与转载数量。

（7）撰写新闻评论、引入大量媒体跟入报道

（8）爆料内幕、引入品牌形象以及后续活动

事件营销的利益与风险并存，我们既要学会取其利，还要知道避其害。对于风险项目，我们首先要做的是风险评估，这是进行风险控制的基础。风险评估后，根据风险等级建立相应的防范机制。事件营销展开后还要依据实际情况，不断调整和修正原先的风险评估，补充风险检测内容，并采取措施化解风险，直到整个事件结束。

品牌在制造事件营销的过程中，必定要注意风险控制。

事件内容、事件的创意是最关键的，必须要吸引媒体与网民。

事件的影响，会给客户带来什么样的影响，这是你必须考虑的。

事件本质的利益性。事件营销本身是双赢的产物，要给用户一定的利益。

事件的真实性。有些时候商家为了宣传自己的产品，故意制造一些不够真实的事件，或者为了打击竞争对手，故意散播谣言，一旦被用户了解详情之后，很可能会对该公司产生一定的反感情绪，从而伤害到公司的利益。

2010年8月5日，武汉3名女婴疑似因食用圣元奶粉后出现性早熟，乳房开始发育，雌性激素水平竟已达到成年女性的水平。在经过医院的一番诊疗之后，家长质疑，3人长期食用的同一品牌奶粉就是罪魁祸首。据报道称，武汉市儿童医院诊断当时15个月大的小菲"检查双乳大，外阴充血，建议停服奶粉"，这一诊断过程经电视台播出后，3家父母不约而同地将怀疑的目光投向了孩子一直食用的圣元奶粉。而在此事件曝光后，江西、山东、广东也爆出3起类似病例。

卫生部15日下午3点召开新闻发布会表示，湖北3例婴幼儿单纯性乳房早发育与食用圣元优博婴幼儿乳粉没有关联。目前市场上抽检的圣元乳粉和其他婴幼儿乳粉激素含量没有异常。8月16日，卫生部公布有关性早熟雌激素知识问答。

随着事件的一步步揭幕，引起轩然大波的"圣元奶粉致儿童性早熟事件"，是奶业巨头蒙牛及其公关公司策划，以打击竞争对手。同时另一奶业巨头伊利公司也指控蒙牛对伊利旗下产品QQ星儿童奶、婴儿奶粉，进行有计划的舆论攻击。截至10月24日，蒙牛诽谤门案件侦破后，涉及蒙牛诽谤门的蒙牛未来星品牌经理安勇、北京博思智奇公关顾问公司郝历平、赵宁和马野4人被批捕。蒙牛诽谤门案的批捕机关是呼和浩特市检察院，4嫌疑人所涉均为"损害商业信誉、商品声誉罪"。

公关公司操纵传统媒体、门户网站、热门论坛、wiki社区、草根知名博客的新闻与回帖，把它们变成攻击客户对手的利刃，实在令人齿冷。

纵观整件事情，不仅让人们见识了软文营销的杀人于无形的暴力，更警示企业在洁身自好的同时亦须防范来自对手有计划、系统性的营销攻讦。

> **凯文观点：** 只有从消费者关心的事情入手，营销策略才能打动消费者，实现营销目标。这同样是事件营销的前提条件。

### 3. 热点事件营销有效实施的要点

事件营销必须注意找准引爆时机，而且要学会创造上演时机，然后思考事件与品牌的关联，用创新的方式吸引注意，通过全方位整合扩大事件，合理安排品牌进入，将目光成功引导品牌上，从而达到营销目的。

（1）判断时机，找准引爆节点

营销时机可以是一个事件、一个节目、一个话题、一个市场变化等。

传统印象中，对于冰激凌这种"季节性产品"而言，夏季市场才是绝对的"主战场"。但是蒙牛随变欧罗旋凭借"冬天在家吃的冰激凌"的全新理念，使得这一季的冬天与冰品从敌对状态走向了"握手言和"。冬季人们购买冰激凌的热情非常高。大学生的频率为一周购买 4 ~ 5 次，理由是产品包装新奇，口味多样；年轻白领购买冰激凌的频率是一周 2 ~ 3 次。

是什么改变了人们的生活习惯？

金融危机和气候变暖正不知不觉地改变人们的消费习惯。

近年来，天气变暖，冰激凌的消费季节有所延长，冬季时一些巧克力等成分高的产品较受欢迎；夏季时具有强烈的冰感觉、解渴、消暑的冰激凌最受欢迎。

蒙牛看到了市场的变化，在传统冰激凌营销的淡季，避开了竞争，占领了先机。

（2）关注热点，找好品牌与事件之间的"对接点"

统一润滑油利用美伊战争打出了"多一点润滑，少一点摩擦"的广告宣传就是抓住了品牌与事件的"对接点"。其利用普通大众希望和平，反对战争的心理，品牌形象迅速深入人心。因此，只有具备相关性的事件营销才能取得强大的传播效果，否则就会造成牵强附会，结果只会适得其反。

事件营销策划者必须深刻挖掘品牌最核心的表达诉求，巧妙地将它转化为事件，而且这一事件必须是品牌、消费者和社会所关注的，这样才足以引起新闻媒体和受众的兴趣。也就是要实现事件的强度、受众的宽度和传播的力度这三个方面的跨越。

（3）事件营销要讲究创新，避免盲目跟进

夏日旅游市场竞争激烈，对于途牛旅游网来说，马尔代夫旅游显然是其在海外旅游市场的一张神秘牌。2016 年，马尔代夫总统亚明一行访问途牛总部，就是因为峰值时每 4 位去马尔代夫的中国游客就有 1 位通过途牛预订。

第一波：最接地气的行为艺术，引起社会讨论。

2015 年 7 月 30 日傍晚，成都沙湾路十字路口，一名男子穿着大裤衩，坐在马路边的沙滩上，拿着一杯饮料，摆出一副在马尔代夫享受阳光的表情。异于常理的行为，很快引发大众的思考。"只要心中有沙"迅速走红。照片被微信圈、微博疯传，知名演员沙溢、张歆艺等转载，引起疯狂点赞，各类品牌蜂拥而至，加入借势风潮，同时在网络上，大众开始调侃图片的真实性，众说纷纭，引起广泛的社会讨论。于是品牌在网络上掀起一轮轮 # 被玩坏的马滩哥 #PS 大赛活动。

《成都商报》《扬子晚报》跟踪报道，腾讯新闻弹窗全网推荐，马路沙滩哥一夜成名。

第二波：马尔代夫之行，魔性躺姿引发借势潮。

2015 年 8 月 7 日，通过行为艺术家何利平微博爆出其在马尔代夫的照片对比图。"昨天马路，今天马代"励志图文爆出后，很快被《武汉晚报》《天府早报》等新闻媒体再次报道。

第三波：真相披露，"只要心中有沙"视频版爆出。

让大众的眼球迅速聚焦在视频上，总播放量超过 1000 多万，品牌露出，推动途牛旅游网成为中国人去马尔代夫旅游的头号在线旅游预订平台。途牛旅游网官方也推出活动：模仿"马路沙滩哥"拍出你享受梦中目的地的惬意照片，发微博带上该话题，有可能像马路沙滩哥一样，帮你实现"从马路躺到马代"式的艺术梦想。

对于久经考验的网民来说，单纯的 KOL 发声并不能满足他们挑剔的胃口。倘若是没有让人眼前一亮的要素，单靠马路沙滩哥的颜值，恐怕早就石沉大海了。

因此，接地气的话题和活动尤为重要，用新颖独特、触动人心的营销内容从庞杂的信息中挖掘出来，与用户进行了一次敞开心扉的交流。

（4）事件营销要重视公众的参与或互动

策划事件营销，如果能让更多的公众参与到事件活动中，激发公众的感情或兴趣，从而吸引消费者的行为会比单纯的品牌单方面的活动更易达到事半功倍的效果。

公益广告一般是两种味道，一是一本正经的说教，味同嚼蜡，难以下咽；二是用不良行为的恶果恐吓你恶心你，泼辣刻薄，让人发汗。

不管是哪种，公益广告的初衷都是好的，关键是大众能否愉悦地接受，否则又有什么价值呢？

墨尔本地铁公司不想把广告做成充满了悲观失望的情绪，那样对观众毫无吸引力，而是应该尝试创作一些能够吸引观众的东西。可爱的软体小人作主角，配以朗朗上口的旋律，视频想不火都难。为了让视频的共享性最大化，在视频中使用了北美灰熊、南美食人鱼、响尾蛇这些动物，它们让整个视频更具有普遍吸引力。视频尺寸很小，便于用户分享。在多种平台上发布这个视频，并且制作卡拉 OK 版本的歌曲，方便用户模仿。

整个广告活动的媒体印象值达到 6000 万美元；短短一个月时间就吸引了 46% 的目标受众；超过 100 万人承诺会在地铁周围注意人身安全。和地铁列车相关的人身伤害事故率比上年降低 20%。

（5）事件营销要重视全方位的综合营销

品牌利用事件营销的最终目的是要提升品牌的影响力并创造良好的价值。因此做了事就要及时说出去。就比如王老吉捐款事件营销中，王老吉没有仅限于赞助，而是采取了"花一分钱做事，花九分钱宣传"的以点带面的方法，在广告媒体、天涯论坛等可控环境里，迅速让消费者接触这一信息。同时在销售渠道，促销与广告紧密配合，做到货到、人到、广告到。现场促销工具与媒体广告形成立体配合，共同促进销售和品牌形象的提升，全方位的综合营销或许才是王老吉取得巨大成功的妙计。很多品牌觉得不捐款、捐少了品牌形象受打击，捐款就是白白浪费钱，那是因为品牌没有利用好事件进行整合营销，做好事没有留名。

品牌跟进某事件必须先考虑：

首先，要评估赞助对目标客户群的影响程度。跟进事件是否能够有影响目标消费者的机会。

其次，要判断跟进的事件与品牌特性的吻合程度如何，品牌信息如何通过双方的联系有效地传达出去。每个事件都有其社会特性，当一个大事件的社会特性与品牌要树立的品牌形象一致时，品牌才可以借东风。杜蕾斯在社交媒体上一直都在跟踪热点事件，可是当优衣库试衣间事件疯传的时候，却不见杜蕾斯跟进，就因为这不是什么正面的事，甚至有些低俗，跟进就是给自己抹黑。

最后，要考虑事件的投资回报。并不是每个事件营销都可以四两拨千斤，一些事件的跟进往往需要巨额投入，再加上后续的市场营销投入，因此品牌必须系统性地评估回报的大小、回报的周期，等等。

事件营销作为品牌提升、市场推广的一把利刃，在短时间内对品牌知名度、美誉度、市场销量的迅速提升，威力不可低估，但品牌的发展、品牌的塑造是长期战略，在通过一次、两次，甚至多次的事件营销后，品牌的发展、品牌的塑造应乘事件营销之东风，再次推波助澜，顺水推舟地做适度的促销活动，让消费者对产品有体验吸收消化的机会，慢慢地引导消费者成为品牌的忠实客户。

> **凯文观点：** 品牌建设不是空中楼阁，做公关传播不是空穴来风，一切传播都必须有落地的措施予以支撑。

## 附：

# 关于"新营销，新零售"的探索

刚刚过去的 2016 年，传统零售业愈显式微，以内容创业为首的新兴互联网商业模式却在展示其强大的生命力，移动互联网所造就的自媒体"神话"不断刷新广大网民对新媒体内容营销的认知，更折射出人们在日益增长的物质供求关系下精神文化的需求。随着移动互联网深入融合，各中小企业主怎么样才能乘风破浪做到顺利转型？传统电商流量进入瓶颈期，零售行业又如何打破僵局，突破重围？这些已成为行业普遍的难题。

在传统的商业模式中，品牌和用户是各自独立的两端，两者在商品交易中缺少互动交集，无法相互建立情感链接，随着产品品类的高度分化所带来的信任危机亦愈来愈严重。对于品牌来说，面对层出不穷的商业竞品，传统叫卖式的广告显然不奏效。线下品牌传播不出去，线上又不得不让出利润应对对手的恶意低价竞争。对于用户来说，面对互联网的繁荣景象，可选产品品类陡增，产品质量参差不齐，陷入无可选择的境地。最终造成用户不愿意相信品牌，品牌疲于应对市场变化的尴尬局面。新零售的探索面临诸多的问题，传统商业巨头又如何应对呢？以卫龙食品为例。卫龙因旗下风味小吃卫龙辣条为大家所熟知，又因为"苹果味辣条"一度蹿上热搜榜。在整个事件中，卫龙将自家新产品包装、海报、电商做成仿苹果的风格，借势苹果话题，迅速形成媒体刷屏内容。一个月后卫龙官方微博展示了他们"仿苹果"的产品展位，引起了另一波轰动高潮。喧嚣表象之下必有深意。近年来食品安全问题越来越突出，麻辣食品行业之前被央视曝光的阴霾还未散去，市场供大于求的现象又严重突出，盈利能力下滑，卫龙急需升级自家品牌形象。于是有了这一次"全民营销"现象，线上依靠内容话题在传递、放大其品牌消息，线下展位互动升级，第一时间触达用户，打造与品牌属性相匹配的零售场景和体验，从根源上为用户带来了一次关于品牌的感官革新，收到相当不错的效果。在新零售时代，产品的整个销售环节是依附于新营销模式之上的。以高效的营销手段，将质高价优的产品卖到消费者手里，全面带动消费升级，消除线上、线下商业行为中的差异，融合虚拟经济和实体经济，形成一体化零售新业态。

从用户角度来讲，他们不再满足于"买东西"这个枯燥的环节，更想体验产品所带来的价值感，更想把自己的个性融合到产品的属性当中去，在购买前希望有更多的产品体验参考，购买后希望把自己的感受分享给他人，反而购买时的场景越来越趋于自然发生。用户的消费行为已经远远地扩展到产品交易之外的生活环节当中了。

从商家角度来讲，只有主动去适应消费升级的趋势，才能够保持行业竞争力。我们以阿里为例，其先后入股银泰百货、苏宁云商、三江购物以及百联集团，布局线下零售，意在通过线上用户流量优势转化为线下产品流通优势。将来通过技术迭代更新，以用户为中心构建不同的购物场景，提供一系列个性化、便捷化的服务体验，才是新营销的趋势。

那么面对新零售市场广阔的空间，企业如何进行实际操作呢？我们来看 GG 点报的做法。其创始团队在经过多年实操经验和互联网产品探索后提出了"品牌体验新营销，用户体验新零售"的创新商业模式。帮助客户打造内容广告、消费融合的互动平台，解决商品交易过程中"买货难、卖货难"的问题，打通商业营销链条各个环节，以多方互动的方式帮助品牌和用户建立桥梁，转化成购买力，通过社交关系推荐，引起二级用户的共鸣，最终形成强大的购买力生态圈，提高品牌企业利润！

作为"新营销、新零售"模式的探索者，GG 点报一方面以丰富的线下资源，带动线上流量的迅速转化，保证品牌的营销效果，另一方面利用线上反馈数据，为线下提供可执行的解决方案，满足用户个性化需求。坚持线上和线下进行深度融合，拓展更多服务功能。GG 点报从 B 端切入市场，提供系列化商业内容营销方案，帮助品牌以最便捷的方式成功建立品牌形象，迅速赢得大量的品牌粉丝，从而获得海量的优质内容储备。这些内容再分发给 C 端用户，帮助用户以互动的方式选择优质产品，产生交易数据再反馈给 B 端进行优化营销。整个模式以螺旋推动的结构拉升平台价值，最终沉淀出的资源进入商城完成生态闭环。

这种新模式更多的是重构商业消费行为，打破以往品牌宣传中高高在上的孤傲形象，拉近品牌和消费者的距离，在多层次的感官互动中树立品牌生动化的形象，提升营销效率，增加品牌持续影响力，帮助企业实现"互联网 + 营销"的顺利转型。

站在变革的浪潮之巅，阿里、GG 点报都在积极探索属于自己的新型商业模式并吸引更多的参与者加入，引领商业新零售！